Christel Dhom

Unser Sommer- und Herbstbuch

Christel Dhom

Unser Sommer- und Herbstbuch

Mit Kindern den Jahreslauf erleben von Johanni bis Sankt Martin

Verlag Freies Geistesleben

Christel Dhom, geboren 1960, ist ausgebildete Erzieherin, Waldorfkindergärtnerin und Heilpädagogin. Sie arbeitet als Förderlehrerin an der Freien Waldorfschule Westpfalz.
Im Verlag Freies Geistesleben erschienen von ihr die Bücher: *Zauberhafte Märchenwolle; Unser Garten- und Naturbuch; Spiel mit mir – sprich mit mir; Unser Advents- und Weihnachtsbuch; Unser Frühjahrs- und Osterbuch.*

1. Auflage 2005

Verlag Freies Geistesleben
Landhausstr. 82, 70190 Stuttgart
Internet: www.geistesleben.com

ISBN 3-7725-2029-4

Fotos: Thomas Klink (Studio), Christel Dhom (Außenaufnahmen und diverse)
Illustrationen: Barbara Bayer-Stichler
Notensatz: Sebastian Hoch
Einbandfoto: © Friedrich Strauß, Spezialarchiv für Pflanzenfotografie
Druck: Nørhaven Book A/S, Viborg

Inhalt

Vorwort

In die Sommer- und Herbstzeit fallen zwei große Feste: Johanni, am 24. Juni, und Michaeli, am 29. September. Beide Feste haben zwar einen religiösen Hintergrund, aber keine jahrhundertlange Tradition.
Im Jahreskreis steht Johanni genau Weihnachten gegenüber, d.h. das letzte Weihnachtsfest liegt an Johanni ein halbes Jahr zurück und das nächste wird in einem halben Jahr sein. Ähnlich ist es mit Ostern und Michaeli. Während in der Weihnachtszeit die längsten Nächte und die kürzesten Tage des Jahres sind, ist es an Johanni genau umgekehrt. Wir haben da die längsten Tage und die kürzesten Nächte.
Im Frühling in der Osterzeit erwacht die Natur zu neuem Leben, während im Herbst zur Michaelizeit das Leben scheinbar abstirbt und sich die Wachstumskräfte wieder nach innen ziehen. Es zeigt sich ein Ein- und Ausatmen, ein nach außen und wieder nach innen gehen in der sichtbaren Natur. Dies spiegelt sich auch in den vier großen Jahresfesten wieder. Die Be-

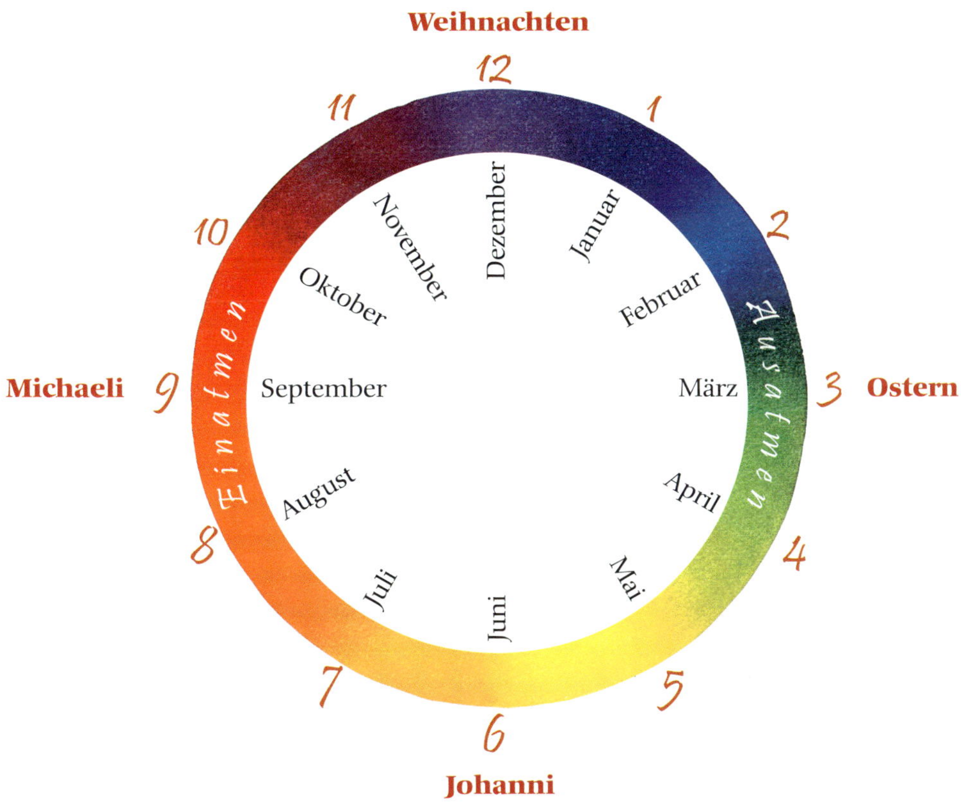

deutung von Johanni und Michaeli in Bezug auf Weihnachten und Ostern hilft zu einem besseren Verständnis von Christi Geburt, Tod und Auferstehung für uns Menschen. Es hilft uns nachzuvollziehen, dass diese Feste zu keiner anderen Zeit im Jahr gefeiert werden könnten.

Feste stehen in engem Zusammenhang mit dem, was in der Natur geschieht. Sie orientieren sich am natürlichen Rhythmus. Daraus ergeben sich wesentliche Aspekte für die Festgestaltung. Ein Fest, das im Sommer liegt, wird man also eher im Freien und vielleicht sogar am Abend feiern, während ein Fest im Herbst eher im Haus gefeiert wird. Neben den beiden großen Festen Johanni und Michaeli gehören auch das Abschiedsfest im Kindergarten, der erste Schultag, ein Garten- oder Sommerfest, Erntedank und ein Martinsfest in diese Jahreszeiten. Im Folgenden findet man Lieder, Spiele, Rezepte, Bastelanleitungen, Rätsel, Geschichten, Gedichte, aber auch Gedanken zum Hintergrund der Feste in der Sommer- und Herbstzeit.

Mit dem vorliegenden Buch *Unser Sommer- und Herbstbuch* wird der Jahreskreis mit den schon erschienenen Werken *Unser Advents- und Weihnachtsbuch* und *Unser Frühjahrs- und Osterbuch* geschlossen. Diese drei Bücher begleiten Familien mit Kindern im Vor- und Grundschulalter durch den Jahreslauf. Es werden darin Beschäftigungsmöglichkeiten mit Kindern aufgezeigt, die sinnvolle Alternativen zu Fernsehen schauen und Computer spielen sind. Für alle Sinne gibt es Erfahrungsmöglichkeiten, die sich unterstützend auf die gesunde Entwicklung eines Kindes auswirken. Diese Bücher sind nicht für das Regal, sondern zum täglichen Gebrauch gedacht.

Christel Dhom

Willst du dich am Ganzen erquicken,
so musst du das Ganze im Kleinen erblicken.

Johann Wolfgang von Goethe

Johanni

Der Johannestag am 24. Juni erinnert an die Geburt von Johannes dem Täufer. Seinen Beinamen erhielt er, weil er Jesus von Nazareth im Jordan taufte.
Johannes wurde nach der Sommersonnenwende geboren. Zu dieser Zeit hat die Natur einen gewissen Höhepunkt erreicht, indem die Pflanzen durch einen starken Wuchs, der bei den Bäumen auch Johannistrieb genannt wird, auf sich aufmerksam machen. Es scheint, als sei die Erde größer geworden, über sich hinaus gewachsen. So drängt sich der Gedanke auf, dass eine Wesensverwandtschaft zwischen Johannes und der hochsommerlichen Natur bestehen könnte.

Für das Wirken von Johannes wird oft das Bild eines brennenden Feuers genommen. Es gibt ein bekanntes Zitat (Johannes 3, 30): «Er muss wachsen, ich aber muss abnehmen.» Vielleicht könnten wir es besser verstehen, wenn man sagen würde: « Christus in mir muss wachsen, ich als irdisch materieller Mensch aber muss abnehmen.» Ein innerliches Feuer wird in demjenigen entfacht, der vom Christusimpuls ergriffen wird. Die Bedeutung der inneren Werte steht im Vordergrund.
Um die Natur in ihrer Größe und Schönheit zu erleben, sollten wir möglichst viel Zeit draußen verbringen. Die zahlreichen Farben und Düfte unzähliger Blüten wahrnehmen und einatmen, die Süße der ersten Früchte schmecken, Licht und Sonne spüren, den Gesang der Vögel hören, in Bewegung sein und uns mit der Erde verbinden – das sind die Elemente der Johannizeit. Schön, wenn diese bei einem Johannifest zum Tragen kommen.

Der Sonne Licht durchflutet
Des Raumes Weiten.
Der Vögel Singen durchhallet
Der Luft Gefilde.
Der Pflanzen Segen entkeimet
Dem Erdenwesen.
Und Menschenseelen erheben
In Dankgefühlen
Sich zu den Geistern der Welt.

Rudolf Steiner
(Aus: *Scheine Sonne, scheine*)

Flamme empor

Melodie: Christoph Praetorius, geb. 1574
Kanon zu 4 Stimmen
Textunterlegung: Fritz Jöde

Johannifest

Ein Fest um die Johannizeit zählt zu den Höhepunkten eines jeden Sommers. Besonders in den nördlichen Ländern ist dies an den Sonnwendfesten erlebbar. Ein Johannifest in unseren Breiten können wir in der Familie, im Kindergarten oder in der Schule feiern. Am schönsten ist es auf jeden Fall, dieses Fest mit vielen anderen Menschen unterschiedlichen Alters zu erleben.

Je nach Anzahl und Alter der Gäste wählen wir ein entsprechendes Programm aus. Dazu gehören vor allem Spiele, die im Freien stattfinden und bei denen wir uns tüchtig bewegen dürfen. Solche Spiele bereiten den Kindern, aber auch den Erwachsenen Freude. Zum Essen und Trinken eignen sich Speisen und Getränke, die unter Verwendung von Johannisbeeren, die ja zu dieser Zeit bei uns reif sind, zubereitet werden. Schön ist es, wenn zum gemeinsamen Singen und Musizieren um ein Johannifeuer getanzt werden kann. Entsprechend kleine Tänze sollten dafür vorher ausgesucht und eingeübt werden. Zum Abschluss des Festes darf ein mutiger Sprung über die Glut des Feuers gewagt werden.

Johannireigen

Volksweise

2. Singen wir von lichter Sonne, St. Johann …
   Singen, singen wir von lichter Sonne.

3. Wie die Sonne aufgestiegen, St. Johann …
   Wie die Sonne leuchtend aufgestiegen.

4. Wie die Erde sie durchwärmet, St. Johann …
   Wie die Mutter Erde sie durchwärmet.

5. Wie die Blätter sie begrüßten, St. Johann …
   Wie die jungen Blätter sie begrüßten.

6. Und die Blüten, tauumwoben, St. Johann …
   Und die Blüten tauumwoben strahlten.

7. Singen wir von roten Rosen, St. Johann …
   Singen, singen wir von roten Rosen.

8. Singen wir von weißer Lilie, St. Johann …
   Singen, singen wir von weißer Lilie.

9. Singen wir von grünen Gräsern, St. Johann …
   Singen, singen wir von grünen Gräsern.

10. Singen wir von milden Kräutern, St. Johann …
    Singen, singen wir von milden Kräutern.

11. Wie sie still am Wege blühen, St. Johann …
    Wie sie still am Wegesrande blühen.

12. Singen wir von lichter Flamme, St. Johann …
    singen, singen wir von lichter Flamme.

13. Die die Sonne uns gespendet, St. Johann …
    Die die warme Sonne uns gespendet,

14. Die die Nacht uns nun erhelle, St. Johann …
    Die die dunkle Nacht uns nun erhelle,

15. Die wir in die Herzen senken, St. Johann …
    Die wir tief in unsre Herzen senken,

16. Bis in lange Winternächte, St. Johann …
    Bis hinein in lange Winternächte.

17. Dann will sie vom Licht uns sagen, St. Johann …
    Dann will sie vom hellen Licht uns sagen,

18. Dass der Christ in Weihenächten, St. Johann …
    Dass der Christ in heil'gen Weihenächten

19. In den Menschenseelen zündet, St. Johann …
    In den Menschenseelen hell entzündet.

20. Jahr um Jahr im Auf und Nieder, St. Johann …
    Jahr um Jahr im steten Auf und Nieder

21. Leuchtet uns die helle Sonne, St. Johann …
    Leuchtet uns die helle Sommersonne.

22. Leuchten uns die Weihenächte, St. Johann …
    Leuchten uns die heil'gen Weihenächte.

23. Und sie runden sich zum Kranze, St. Johann …
    Und sie runden wachsend sich zum Kranze,

24. Ewig steigend, ewig wesend, St. Johann …
    Ewig steigend, ewig, ewig wesend.

Spiele für das Johannifest

Alle Kinder, die am Spielparcours des Johannifestes teilnehmen möchten, bekommen eine Spielkarte. Die Spielkarte hat die Form einer Blume, die anfangs nur aus den gezeichneten Konturen besteht. Sie kann mit einem Faden um den Hals gehängt werden, sodass sie nicht verloren geht. Bei den Spielen werden nicht die Leistungen honoriert, sondern einzig und allein die Teilnahme. Nach jedem Spiel darf ein Kind an seiner Blume ein Blütenblatt ausmalen. Es besteht die Möglichkeit, alle Spiele einmal auszuprobieren oder ein Spiel mehrmals zu spielen. Die Freude der Kinder sollte im Vordergrund stehen und nicht das Einhalten zu vieler Regeln und Konventionen. Die Blume sollte 5 – 6 Blütenblätter haben. Im Folgenden werden bekannte und weniger bekannte Spiele, die sich für ein Johannifest oder ein anderes Sommerfest eignen, beschrieben. Am Ende liegt für jedes Kind ein kleiner Teilnahmepreis bereit, z.B. eine Süßigkeit, ein Bällchen, ein Buntstift, eine Eintrittskarte für ein Puppenspiel, ein Haargummi, ein Eis, ein Getränk oder anderes.

Sackhüpfen

Es wird mit einem Ast oder mit Kreide eine beliebige Strecke (Alter der Kinder und Witterung berücksichtigen) abgesteckt. Das Kind steigt mit den Füßen in den Sack, hält diesen mit den Händen fest und hüpft damit die vorgesehene Strecke. Dabei spielt die Zeit keine Rolle. Wer am Ziel angekommen ist, darf das Blütenblatt ausmalen.

Bobbycarrennen

Mit einem Bobbycar (Dreirad, Roller) soll eine kurvenreiche Strecke abgefahren werden. Die Strecke kann mit Zweigen, Tüchern, Steinen, Baustellenmarkierungsband, Kartons oder anderem Material markiert werden. Auch hier ist nur wichtig, am Ziel anzukommen.

Dosen werfen

Auf einem Tisch werden 6 leere Dosen zu einer Pyramide aufgestellt. Mit einem Ball sollen diese nun abgeworfen und zu Fall gebracht werden. Jeder Spieler hat mehrere Versuche, um wenigstens eine Dose zu treffen. Der Wurfabstand wird vorher unter Berücksichtigung des unterschiedlichen Alters der Kinder festgelegt.

Nagelbaumstumpf

Jedes Kind darf 1 – 3 Nägel mit einem Hammer in einen Baumstumpf schlagen. Der Baumstumpf sollte in seiner Höhe zur Größe der Kinder passen. Anstelle eines Baumstumpfes kann auch ein dickes Brett zum Nageln verwendet werden.

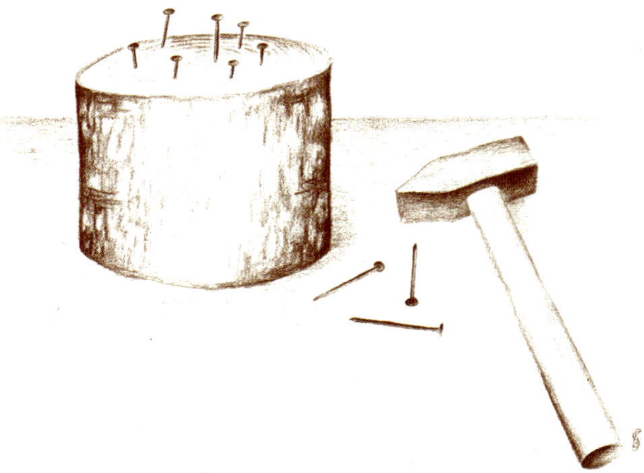

Holz sägen

Auf einem Sägebock oder Tisch werden dünne Äste, Bretter oder Latten klein gesägt. Sie werden am Abend für das Johannifeuer gebraucht, und jeder leistet somit seinen Beitrag dazu.

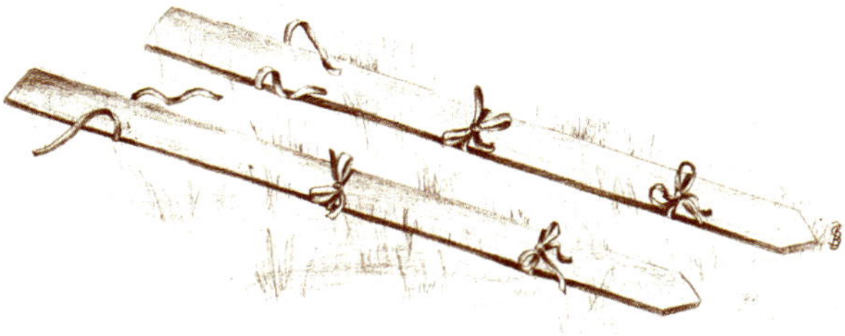

Sommerski laufen

Zwei Bretter von 10 cm Breite und etwa 150 cm Länge, ca. 2 cm dick, werden benötigt. Vorne sind sie etwas spitz zugesägt, ähnlich einem richtigen Ski. Im Abstand von etwa 40 cm werden auf jedem der Bretter drei Schlaufen aus Leder oder festem Stoff mit Dachpappenägeln befestigt. Beim Sommerski können 2 – 3 Kinder oder Erwachsene auf einem Paar Ski «fahren». Alle stehen mit ihren rechten Füßen in den Schlaufen auf dem einen Brett, mit den linken auf dem anderen. Nun soll eine bestimmte Strecke gemeinsam bewältigt werden. Sommerski laufen macht großen Spaß, da es eine gute Koordination der Laufenden erfordert.

Schubkarrenrennen

1. Variante:

Eine vorher festgelegte Strecke soll mit einem echten Schubkarren bewältigt werden. Im Schubkarren sitzt ein Kind, das von einem Elternteil geschoben wird. Besondere Freude bereiten Wegstrecken, die kurvenreich sind.

2. Variante:

Ein Kind wird zum Schubkarren, indem es auf seinen Händen läuft, während ein Elternteil die

Beine fest an den Ober- oder Unterschenkeln hält. Beim Aussuchen der Wegstrecke sollte darauf geachtet werden, dass die Kinder sich nicht an den Händen verletzten können.

Schneckenhüpfen

Mit Kreide wird ein Schneckenhaus (Spirale) als Hüpfkästchen mit bis zu 10 Stationen aufgezeichnet. Nun soll mit einem oder mit beiden Füßen in die Schnecke hinein und, wer möchte, auch wieder heraus gehüpft werden.

Johanniskäferchen

Es fliegt ein feurigs Männlein rum
Zwischen Hag und Hecken,
Hat ein goldigs Laternle um,
Kann sich nicht verstecken.
Feurigs Männlein auf dem Hag,
Gib mir dein Laternle ab!

Volksgut

Leckeres für das Johannifest

Laugenbrezeln

Zutaten:

- 300 g Dinkel Vollkornmehl
- 300 g Dinkelmehl 1050
- 1 Würfel frische Hefe
- 1/8 l warmes Wasser
- 1 gestrichener EL Salz
- 1/8 l Wasser
- 1 TL Natron
- 1 l Wasser
- grobes Salz oder Sesam zum Bestreuen

Zubereitung:

Das Mehl in eine Schüssel geben, in die Mitte eine Mulde drücken. Die in 1/8 l warmem Wasser aufgelöste Hefe hineinschütten und 10 Minuten gehen lassen. Nun 1/8 l Wasser und Salz hinzufügen und mindestens 10 Minuten gut durchkneten. Den Teig zu einer Rolle formen und in ca. 15 – 20 Teigstückchen schneiden. Daraus jeweils ca. 45 cm lange Würste rollen, die in der Mitte etwas dicker sein sollten, und Brezeln formen.

1 Liter Wasser mit dem aufgelösten Natron zum Kochen bringen. Jeweils zwei Brezeln eine halbe Minute in die Lauge legen, mit einem Schaumlöffel herausholen und auf ein mit Backpapier ausgelegtes Blech legen. Dann mit grobem Salz oder Sesam bestreuen und im vorgeheizten Backofen bei 225° C 20 – 25 Minuten auf mittlerer Schiene backen.

Etwas abkühlen lassen und mit frischer Butter servieren.

Variante:

Den Teig um einen sauberen Stock wickeln und über dem offenen Feuer garen.

Johannisbeermuffins

Zutaten:
- 450 g Dinkelmehl 1050
- 4 TL Weinsteinbackpulver
- 100 g brauner Zucker
- 1 Päckchen Bourbonvanillezucker
- 150 g frische o. tiefgekühlte Johannisbeeren
- 2 Eier
- 250 ml Milch
- 125 g geschmolzene Butter

Zubereitung:
Mehl, Backpulver, Zucker, Vanillezucker und Johannisbeeren in eine Schüssel geben, miteinander vermengen und in die Mitte eine Mulde drücken. Die Eier mit der Milch in einem Schüttelbecher verquirlen und ebenso wie die geschmolzene Butter in die Mulde geben. Mit einem Suppenlöffel die Zutaten miteinander zu einem Teig verrühren, der noch kleine Klümpchen haben soll. Muffinform fetten oder mit Papierförmchen ausstatten und je zu dreiviertel mit Teig füllen. Im vorgeheizten Backofen bei 210° C ca. 30 Minuten backen. In der Form abkühlen und auf einem Kuchengitter auskühlen lassen.

Johannisbeerbowle

Zutaten:

- 500 g Johannisbeeren
- 1/2 l Apfelsaft
- 1/2 l roter Johannisbeersaft
- 3 Stiele Pfefferminze
- 3 Stiele Zitronenmelisse
- 1/2 l kohlensäurehaltiges Mineralwasser

Zubereitung:

Johannisbeeren, Apfelsaft, Johannisbeersaft, Pfefferminze und Zitronenmelisse in eine große Glasschüssel oder Saftkanne geben und 3 – 4 Stunden in den Kühlschrank stellen. Vor dem Servieren die Kräuter herausnehmen und das Mineralwasser hinzufügen. Mit frischen Minze- oder Melisseblättern garnieren.

Johannisbeerkuchen

Zutaten für den Teig:

- 300 g feiner Dinkelschrot
- 1 gehäufte MS Backpulver
- 1 Ei
- 120 g Honig
- 1 Prise Salz
- 1 Päckchen Bourbonvanillezucker
- 100 g Butter

Zutaten für die Füllung:

- 700 g frische o. tiefgefrorene Johannisbeeren
- 250 g gemahlene Mandeln
- 100 g Honig
- 3 Eiweiß

Zubereitung:

Alle Zutaten für den Teig werden in eine Schüssel gegeben und mit dem Knethaken zu einem geschmeidigen Teig gerührt. Zum Schluss wird noch mal mit den Händen geknetet, sodass ein zusammenhängender Teigkloß entsteht. Etwa 2/3 des Teiges werden anschlie-

Sommerreigen

Melodie: Alois Künstler

Text: Martin Tittmann

ßend flach auf den Boden einer gefetteten Springform gedrückt und aus dem Rest eine Rolle geformt. Diese wird als ca. 3 cm hoher Rand in die Springform gerückt. Mit einer Gabel mehrmals in den Teigboden stechen. Im vorgeheizten Backofen bei 200° C 10 Minuten backen.

Die gewaschenen, gut abgetropften und entstielten Johannisbeeren mit 100 g gemahlenen Mandeln vermischen und auf dem Teigboden verteilen. Die drei Eiweiß steif schlagen und nach und nach den Honig dazugeben. Mit einem Schneebesen die restlichen 150 g Mandeln vorsichtig unterheben und die Masse über die Johannisbeeren streichen. Bei 175° C ca. 20 Minuten backen.

Vom Johanniskrautöl

Tobi spielte mit seinen Freunden draußen vorm Haus. Nachmittags war die Spielstraße ein beliebter Ort für die Kinder. Und weil es eine Sackgasse war, fuhren hier nur wenige Autos.

Die Kinder waren mit ihren Inlinern und Skateboards unterwegs. Sie versuchten immer wieder, eine kleine Kante zu überwinden. Hannes schaffte es schon ganz gut. Er war Tobis bester Freund und etwas älter.

Unentwegt versuchte Tobi auf die Kante zuzufahren, um sie dann mit einem kleinen Hüpfer hinter sich zu lassen. Er wollte es so gut wie Hannes können. Zunehmend gewann er an Sicherheit.

Aber dann passierte es. Tobi bemerkte nicht, dass sich seine Schnürsenkel gelöst hatten. Gerade als er in voller Fahrt auf die Kante zusteuerte, verfingen sich die Schnürsenkel in den kleinen Rädern der Skates und er stürzte. Tobi fiel auf Hände und Knie. Es tat schrecklich weh und er musste weinen. So schnell er noch konnte, lief er nach Hause. Sein Freund Hannes begleitete ihn.

Zum Glück war Mama da. Sie nahm Tobi erst einmal in den Arm und hielt ihn fest. Irgendwie wurde es dadurch auch schon ein klein wenig besser. Jetzt schaute sich die Mutter die Verletzung genauer an. Die Hände schienen nicht gebrochen, aber vermutlich verstaucht zu sein, und an beiden Knien hatte er Schürfwunden.

«Da hilft jetzt Johanniskrautöl», sagte die Mutter und holte aus dem Medikamentenschrank eine blaue Flasche. «Woher habt ihr das Öl?», fragte Hannes. «Im letzten Jahr am Johannitag zur Mittagszeit», begann die Mutter zu erzählen, «machten sich Tobi und ich zu einem Spaziergang auf, um die Blüten des Johanniskrautes zu sammeln.» Hannes lauschte aufmerksam, und Tobi musste nur noch ab und zu schniefen, während seine Mutter die Wunden mit Johanniskrautöl betupfte. «Wir suchten nur am Wald und nicht in der Nähe einer staubigen Straße oder eines gespritzten Feldes», fuhr die Mutter fort. «Zu Hause haben wir alle Blüten randvoll in ein hohes Schraubglas gefüllt und mit einem guten Olivenöl übergossen, sodass alle Blüten bedeckt waren. Dann stellten wir das Glas im Wohnzimmer ans Sonnenfenster. Vier Wochen ließen wir es stehen und beobachteten, wie sich das Öl langsam rot färbte. Danach filterten wir es durch ein sauberes Leinentuch und füllten es in diese blaue Flasche.» – «Und ich habe das Schildchen gemalt», platzte Tobi dazwischen, der jetzt gar nicht mehr weinen musste und seine Verletzung offenbar schon vergessen hatte. «Genau», bestätigte die Mutter, «Tobi hat das Schildchen mit den Blüten, die aussehen wie lauter kleine Sonnen, gemalt. Ja, und wenn sich jemand bei uns verletzt hat», erzählte die Mutter weiter, «dann heilen wir die Wunden erst einmal mit Johanniskrautöl. Denn bei Verstauchungen, Prellungen oder wenn einem nach der Gartenarbeit der Rücken weh tut, hilft dieses Öl.»

Hannes hatte sehr gut zugehört und sich alles gemerkt. In diesem Jahr wollte auch er mit seinen Eltern Johanniskrautblüten für das heilende Öl sammeln.

Basteln am Johannifest

Krepppapierkränzchen

Material:

- Krepppapier in drei zueinander passenden Farben
- Schere
- Bindfaden

Anleitung:

Mit einer guten Schere schneiden wir das Krepppapier in ca. 4 cm breite Streifen. Die Rolle muss dafür nicht aufgerollt werden, sondern kann im Ganzen in Streifen geschnitten werden.

Nun legen wir drei Streifen aufeinander und beginnen nach ca. 30 cm zu flechten. Günstig ist, wenn sich zwei Kinder zusammentun. Eines kann die Krepppapierstreifen halten, das andere flechten. Jedes Kind misst an seinem Kopf, wie lang das Flechtteil werden muss, damit es um den ganzen Kopf herum passt. Am Ende wird es mit einem Bindfaden zusammengebunden. Die überstehenden Streifen evtl. einkürzen und mit der Schere in der Mitte der Länge nach einschneiden, damit dünne Papierfransen am Ende des Kränzchens flattern können.

Sonnenschirmmütze

Material:

- weißer oder bunter Karton (Fotokarton)
- Hutgummi
- Buntstifte oder Wachsmalstifte
- Schere, evtl. Lochzange

Anleitung:

Entsprechend unserer Vorlage schneiden wir aus weißem Karton «Sonnenschirme» aus. Mit Bunt- oder Wachsmalstiften malen sie die Kinder nach ihren Vorstellungen bunt an. Mit einer Lochzange oder einer Schere drücken wir jeweils am Ende ein Loch in den Karton. Das Loch sollte nicht so nah am Rand sein, da es sonst leicht ausreißen kann. Passend zum Kopf des jeweiligen Kindes befestigen wir an den Löchern ein Stück Hutgummi, damit der «Sonnenschirm» gut auf der Stirn sitzt.

Sonnenschirmmützen schützen nur das Gesicht und nicht den ganzen Kopf. Sie sind meist kurzlebig und eher als nette Beschäftigung gedacht.

Schnittmuster auf 80 % verkleinert.

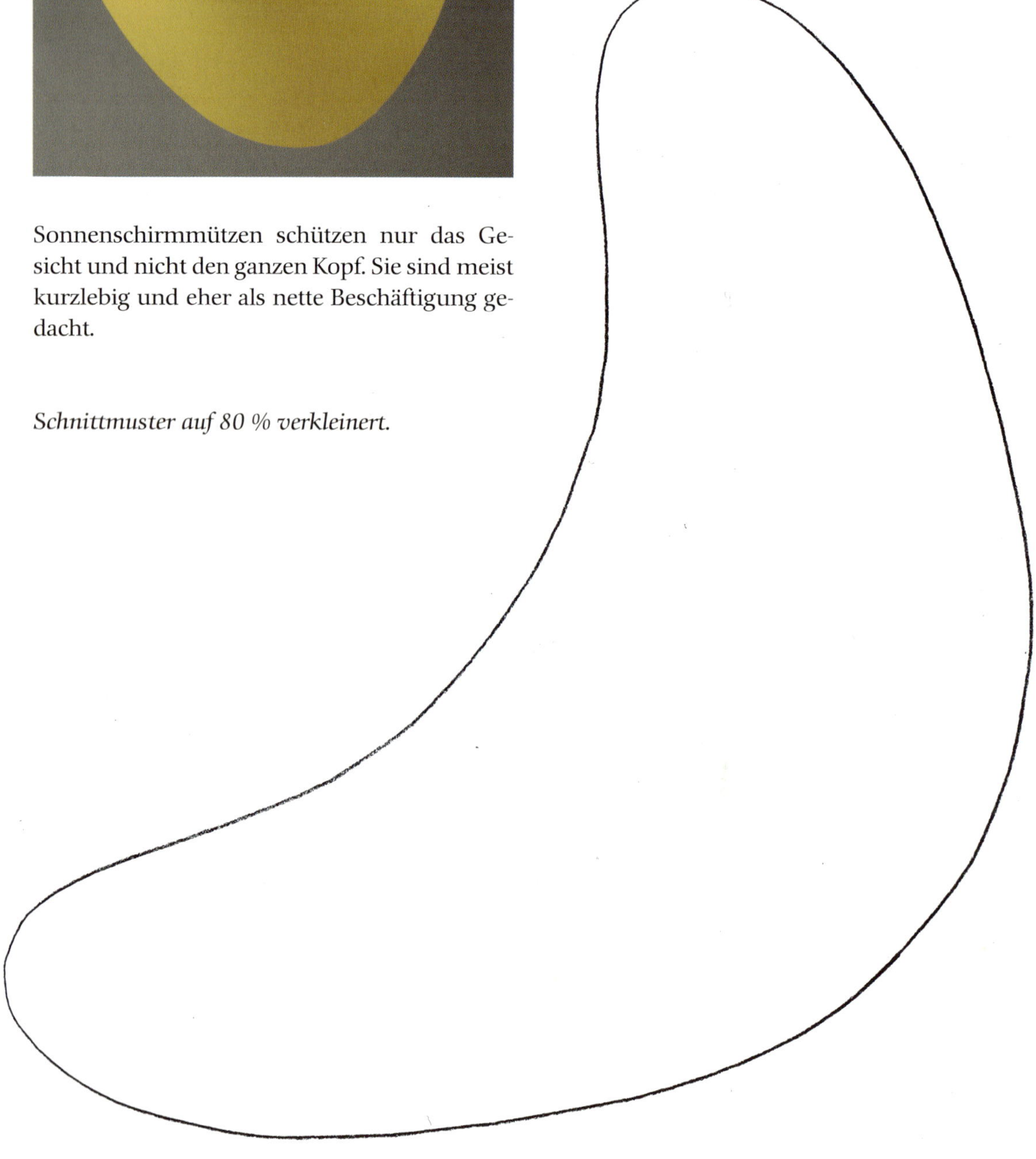

Sonnenwende

mündlich überliefert

Die Sonne woll'n wir preisen,
soll immer uns umkreisen.
Glück und Segen bringt
die Sonnenwend,
die heil'ge Sonnenwend.

Sie kennt kein Grenz' und Schranken,
der Sonne woll'n wir danken.
Glück und Segen bringt
die Sonnenwend,
die heil'ge Sonnenwend.

Sommerzeit

Neben dem Frühling ist der Sommer für die meisten Menschen die schönste Zeit des Jahres. Das Leben scheint unbeschwerlich und leicht zu sein. Wissenschaftlich belegt ist auf jeden Fall, dass Licht und Sonne, in Maßen genossen, sich positiv auf die Stimmung eines Menschen auswirken.
Im Sommer zieht es uns nach draußen – das ist auch gut so. Tätigkeiten, die im Freien erledigt werden können, verlegen wir in den Hof, auf den Balkon oder auf die Terrasse, so z.B. das Entsteinen von Kirschen oder das Filzen von Blumen. Aber auch die Zeit für Spaziergänge, am besten täglich, nehmen wir uns im Sommer gern. Das Leben in und mit der Natur ermöglicht uns vielfältige Wahrnehmungen der wunderbaren Schöpfung, die wir so eben nur direkt draußen haben können. Die Freude über Gottes Werke, über die herrlich blühende und duftende Natur lässt Gefühle von Dankbarkeit und Ehrfurcht aufkommen.

Hochsommer

Der Sommer flimmert in der Luft,
Der Garten ist voll Rosenduft,
Und ich steh mittendrin.

Rot ist der Mohn und gelb das Korn
Und himmelblau der Rittersporn,
Mein Haar ist voller Heu.

Der Donner rollt, und Tropfen rund,
Die fang ich auf mit meinem Mund.
Ich freu mich, dass ich bin.

Rudolf Wehren
(Aus: *Scheine Sonne, scheine*)

Rätsel

Auf vier Beinen kann ich zwar stehen,
aber keinen Schritt damit gehen.
(lhutS)

Gefilzte Schäfchen, Haarspangen, Broschen oder Anhänger

Material für mehrere Schäfchen:

- ungesponnene, naturfarbene Schafwolle im Vlies mit Filzeigenschaften
- ungesponnene, dunkelbraune Schafwolle im Vlies mit Filzeigenschaften
- flüssige Seife oder geraspelte Olivenölseife
- warmes Wasser
- altes Frotteehandtuch
- Essig
- alte Nylongardine oder Nylonfliegenschutzgitter
- Schwamm
- Lederband, Haargummi oder Broschennadel
- Perlen in schwarz oder natur für die Augen
- eine gute Schere
- Nähzeug

Nur für den Anhänger:

- Vorstechnadel (dicke, spitze Stopfnadel) und eine Stricknadel Stärke 3

Anleitung zur Herstellung des Filzes:
Wolle im Vlies besteht aus mehreren Wollschichten. Wir legen vier Wollschichten mit jeweils gekreuzter Kämmrichtung übereinander, d.h. eine Schicht ist quer gekämmt, die nächste in Längsrichtung usw. So entsteht ein ca. 10 cm hohes, luftiges Wollkissen von ca. 30 x 30 cm.
Nun geben wir etwas flüssige Seife auf einen nassen Schwamm und drücken ihn über der Wolle aus. Auf die Wolle legen wir die Nylongardine. Sie verhindert, dass die Wolle am Schwamm oder an den Händen hängen bleibt oder verrutscht. Mit dem Schwamm streichen wir vorsichtig das Seifenwasser von der Mitte

nach außen. Die Wolle soll durch und durch feucht, aber nicht fließend nass sein.

Mit der Gardine auf der Wolle reiben und drücken wir von jeder Seite ca. eine halbe Stunde lang. Die Gardine muss immer wieder abgehoben und neu über die Wolle gelegt werden, damit sich die Wolle nicht durch die Gardine arbeitet und sich beides miteinander verbindet. Am Anfang gehen wir sehr behutsam vor und arbeiten von außen nach innen. Das Wollteil darf nicht in die Breite gedrückt werden. Zunehmend wird sich die Wolle miteinander verbinden, sodass wir mit größerem Druck arbeiten können.

Als Nächstes kann mit dem so genannten Walken begonnen werden. Wir rollen das Filzteil nacheinander von allen Seiten und Richtungen in ein Frotteehandtuch ein und kneten und rollen es fest auf der Unterlage hin und her. Dies kann durchaus zu einer Schweiß treibenden Tätigkeit werden. Das Walken ist abgeschlossen, wenn unser Wollteil von ursprünglich 30 x 30 cm auf ca. 24,5 x 24,5 cm geschrumpft ist, sich also um ca. 1/3 verkleinert hat.

Die Wolle muss gründlich in klarem Wasser ausgespült werden. Die Seife muss wirklich restlos ausgewaschen sein, da die Wolle sonst mit der Zeit brüchig werden würde. Dem letzten Spülwasser sollte ein Schuss Essig hinzugefügt werden. Zum Schluss wird der Filz mit einem Dampfbügeleisen bei größter Hitze geglättet.

Haben wir ein Filzteil aus naturfarbener Wolle und eines aus dunkelbrauner Wolle, können wir Schafe in verschiedenen Farbzusammenstellungen herstellen.

Anleitung zur Herstellung eines Schäfchens:
Zunächst schneiden wir aus dem Filz mit einer scharfen Schere ein Oval. In dieses schneiden wir ringsherum kleine Kerben (siehe Zeichnung), die dann abgerundet werden. Je nachdem, ob wir einen Anhänger, eine Brosche oder ein Haargummi fertigen wollen, wählen wir die Größe des Ovals und dazu passend auch den Kopf. Die Vorlage dient als Hilfestellung.
Für die Augen wählen wir zwei naturfarbene oder schwarze Perlen, die im Kontrast zur Farbe des Kopfes stehen sollten. Durch das Festnähen der Augen bringen wir gleichzeitig auch den Kopf am Körper an.
Möchten wir eine Haarspange herstellen, brauchen wir nur eine entsprechende Spange, die an der Rückseite des Filzschäfchens festgenäht wird. Für eine Brosche nähen wir eine Broschennadel auf der Rückseite fest.
Nett ist es, wenn das Schäfchen noch Beine und Füße bekommt. Dafür reiben wir zwischen den Handflächen eine bleistiftdicke Wollschnur. Unsere Hände sind dabei dünn mit flüssiger Seife versehen und die Wolle ist feucht, jedoch nicht nass. Damit die Wollschnur gut fest wird, waschen wir sie eine Runde mit unserer Buntwäsche in der Wasch-

Körper

1.

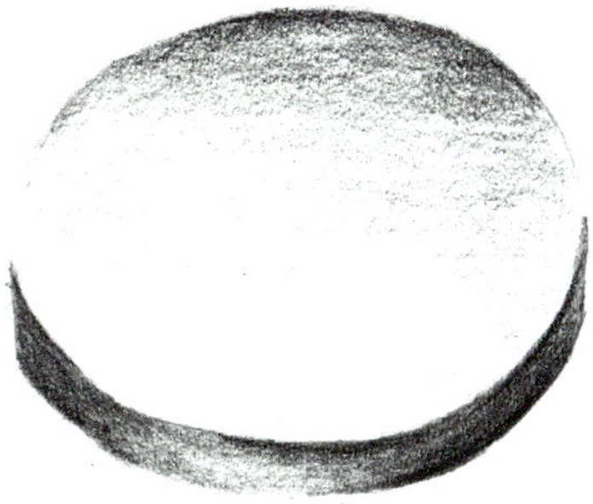

2.

3.

Kopf

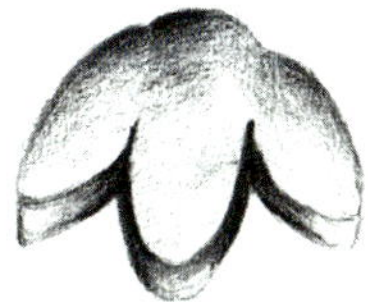

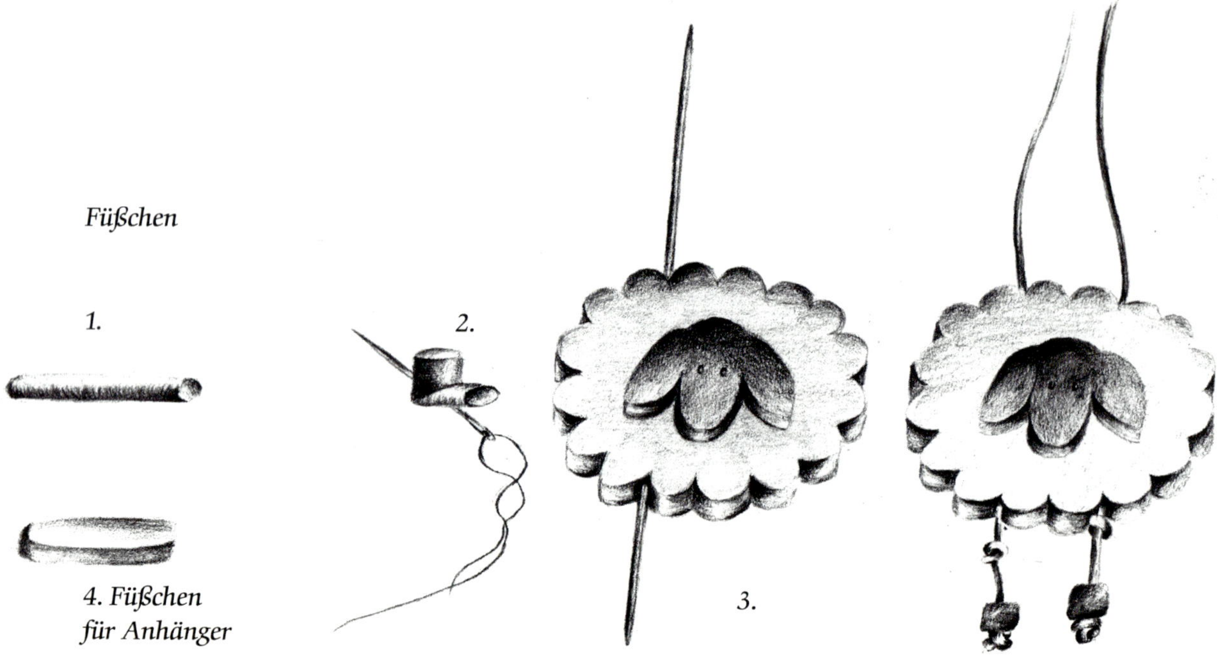

maschine. Nach dem Waschen muss sie wieder etwas in die Länge gezogen werden, ist aber gleich zum Weiterverarbeiten bereit.
Wir benötigen zwei ca. 3 cm lange Stücke der Wollschnur. In jedes Stückchen Wollschnur nähen wir mit kleinen, möglichst unsichtbaren Stichen einen Knick, sodass eine L-Form entsteht (siehe Zeichnung 1 und 2). Zwischen zwei Wollbögen wird jeweils ein Bein festgenäht. Die Füße können nach vorne oder zur Seite in Laufrichtung zeigen.

Soll das Schäfchen zum Anhänger verwandelt werden, müssen wir an zwei Stellen, dort, wo die Beine hinkommen (siehe Zeichnung 3), mit einer Vorstechnadel durch den Filzkörper stechen. Durch hin- und herrütteln der Nadel weiten wir den Tunnel, sodass sich eine Stricknadel einführen lässt. Mit dieser versuchen wir erneut, den Tunnel durch auf- und abschieben der Nadel und kreisförmige Bewegungen so zu weiten, dass ein Lederband durchgeschoben werden kann. Auf die gleiche Weise arbeiten wir jeweils ein Loch in die Füße (siehe Zeichnung 4).
Nun wird in das Lederband, das jeweils ca. 5 – 8 cm aus dem Körper herausragt, ein Knoten gemacht, der auf der Rückseite des Schäfchens sitzen soll. Dann schieben wir beide Lederbandenden durch je ein Fußteil und versehen sie ebenfalls mit einem Knoten.

Der Wind geht zwischen den Bäumen

Text u. Melodie: L. Henning

Käse-Kirsch-Schnitten

Zutaten:

- 6 – 7 Eier
- 1.250 g Magerquark
- 150 g geschmolzene Butter oder Margarine
- 250 g Zucker
- 125 g Dinkelvollkorngrieß
- 1 Päckchen Vanille-Puddingpulver
- 700 g entsteinte Kirschen oder 2 Gläser Sauerkirschen

Zubereitung:

Die Eier trennen und das Eiweiß zu sehr steifem Schnee schlagen. Magerquark und geschmolzene Butter zusammen mit dem Eigelb verrühren. Zucker, Grieß und Puddingpulver miteinander vermengen und dazugeben. Zum Schluss das Eiweiß unterheben. Nun den Teig auf ein mit Backpapier ausgelegtes Backblech verteilen und mit den Kirschen belegen und bei 160° C ca. 60 Minuten backen.

Großmutters Kirschsteinkissen oder -nackenhörnchen

Material:
- fester Baumwollstoff (z.B. Geschirrhandtuch), 27 x 54 cm für das Kirschsteinkissen oder 40 x 60 cm für das Nackenhörnchen
- 800 g Kirschsteine
- Nähzeug

Anleitung:
Aus dem Baumwollstoff schneiden wir zwei gleich große Teile von 27 x 27 cm. Diese legen wir rechts auf rechts: Was später einmal außen sein soll, ist jetzt innen. Mit kleinen Steppstichen (Vorwärts-Rückwärts-Stich) nähen wir ca. einen Zentimeter vom Rand entfernt ringsherum eine Naht. Dies kann per Hand oder mit einer Nähmaschine geschehen. Gegen Ende lassen wir ca. 5 cm offen. Nun wenden wir unsere Näharbeit, d.h., durch die Öffnung wird der Stoff gestülpt, sodass die schöne Seite des Stoffes nach außen gekehrt und die Naht innen ist.
Die gesammelten Kirschsteine kochen wir 20 Minuten in Wasser, dem wir einen Esslöffel Essig hinzugefügt haben. Mögliche Fruchtfleischreste können wir entfernen, indem wir die Kirschsteine auf ein Frotteetuch geben und kräftig reiben. Danach müssen die Steine abgespült und zum Trocknen ausgebreitet werden. Wer eine größere Menge Kirschsteine benötigt, weil er mit einer Kindergartengruppe oder Schulklasse Kirschsteinkissen fertigen möchte, kann diese bei Betrieben, die Kirschen verarbeiten, erhalten.
Die sauberen und trockenen Kirschsteine können jetzt in die Stoffhülle gefüllt und die Naht von außen mit kleinen Stichen geschlossen werden. Evtl. mit einer Ziernaht umranden.
Für ein Nackenhörnchen schneiden wir entsprechend unserer Vorlage zwei gleiche Stoffteile zu. Damit wird verfahren, wie bei dem Kirschsteinkissen beschrieben.

Aufgewärmte Kirschsteinkissen oder -nackenhörnchen helfen bei Muskelverspannungen und Leibschmerzen jeglicher Art, indem man sie einfach auf die schmerzende Stelle legt. Da man sich nicht an ihnen verbrennen kann, sind sie aber auch ein schönes Spielzeug zum Einschlafen. Sie werden im Backofen bei 150° C ca. 15 Minuten aufgewärmt; hierbei sollte in einer feuerfesten Form eine Tasse Wasser im Backofen stehen.

Variante:
Anstatt mit Kirschkernen kann die Stoffhülle auch mit 800 g Dinkel und 3 Esslöffel getrockneten Lavendelblüten gefüllt werden. Durch das Erwärmen entfaltet der Lavendel seinen Duft und unterstützt die entspannende und beruhigende Wirkung der Wärme.

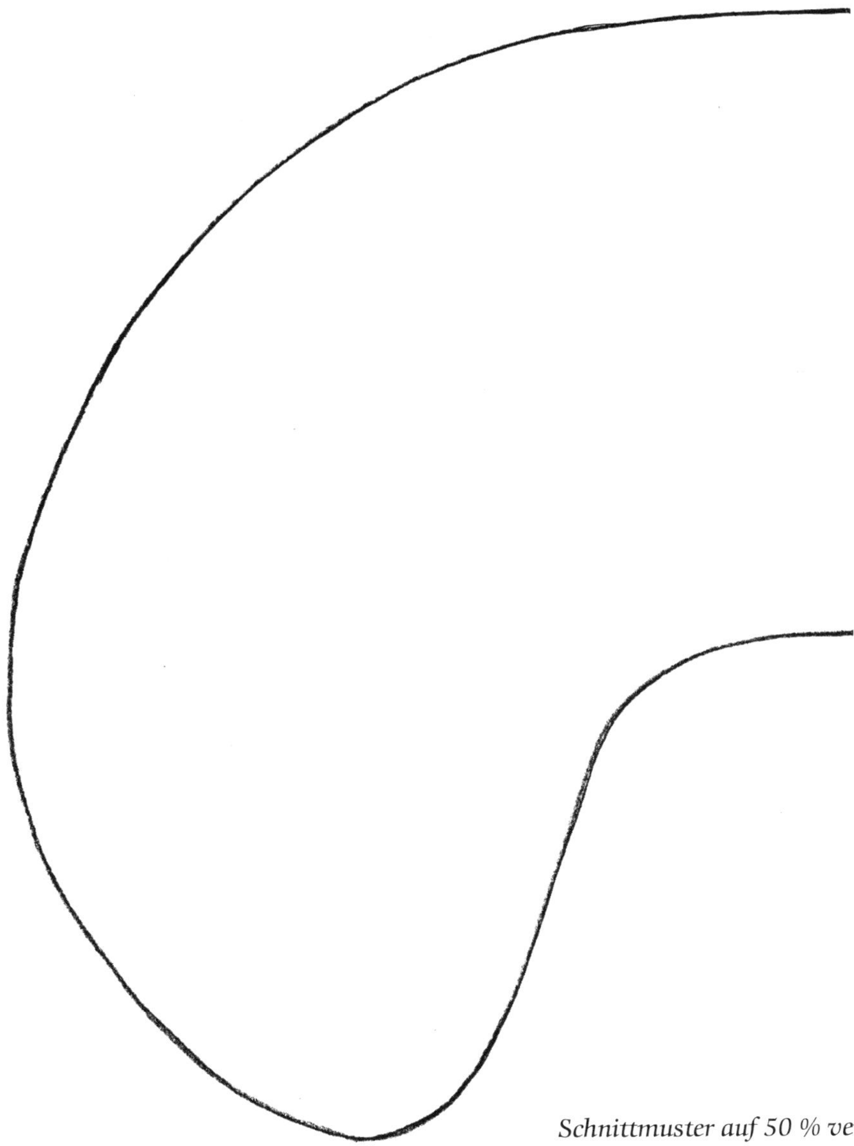

Schnittmuster auf 50 % verkleinert.

Das Bächlein

Bächlein, wie hurtig eilst du zu Tal!
Kannst du nicht rasten und ruhn einmal?»

«Ich kann nicht rasten, ich kann nicht bleiben,
hinunter muss ich das Mühlrad treiben.

Viel Tierlein muss ich zum Trinken laden,
und andre kommen, in mir zu baden.

Die Wiesen tränk ich, die grünen Auen
und Blumen, die sich in mir beschauen.

Dann zu dem Flusse lenk ich den Lauf,
der nimmt so viele der Bächlein auf.

Er geht durchs Land hin mit stolzem Schritt
und alle nimmt er zum Meere mit.

Vom Bergwald komm ich, vom Felsen her –
wie weit, wie weit ist mein Weg zum Meer!

Johannes Trojan
(Aus: *Eins und Alles*)

Lavendelgesteck

Material:
- Lavendel
- Steckmoos
- Zink- oder Tontopf
- evtl. Schleife

Anleitung:
Der Lavendel muss kurz bevor er die Blüten öffnet abgeschnitten werden. Für einen Topf von ca. 12 cm Durchmesser braucht man ein Sträußchen, das ungefähr halb so dick ist.

In den Topf drücken wir Steckmoos, sodass er ganz ausgefüllt ist. Von der Mitte an beginnend, stecken wir den Lavendel gleichmäßig ins Moos. Die einzelnen Blumenstängel haben einen Abstand von 0,5 – 1 cm. Diese Arbeit ist kinderleicht und bedarf keiner besonderen Fähigkeiten. Zum Schluss kann der Topf noch mit einer passenden Schleife geschmückt werden.

An Stelle des Lavendels kann auch Heide verwendet werden. Ganz hübsch sehen auch Rosen mit Schleierkraut aus. Diese müssen jedoch vor dem Stecken kopfüber zum Trocknen aufgehängt werden.

Gefüllte Tomaten

Zutaten:
- 8 mittelgroße Tomaten
- 1 Zwiebel
- 1 Knoblauchzehe
- 1 EL Olivenöl
- 125 g Tomatenmark
- 125 g Sahne
- 1 EL getrocknetes Basilikum
- Salz, Pfeffer, Paprika
- 250 g Schafskäse oder Feta

Zubereitung:
Die Tomaten waschen, oben mit einem Messer ein Käppchen abschneiden, mit einem Teelöffel aushöhlen und den Inhalt in eine Schüssel geben. Zwiebel und Knoblauchzehe schälen, klein schneiden, dazugeben und pürieren. Tomatenmark, Sahne und Basilikum hinzufügen und mit Salz, Pfeffer und Paprika pikant abschmecken. Diese Soße in eine mit Olivenöl gefettete feuerfeste Form geben. In die Soße die ausgehöhlten Tomaten setzen. Den Schafskäse mit den Fingern zerbröseln und in die Tomaten füllen. Im vorgeheizten Backofen bei 175° C ca. 20 Minuten backen. Dazu schmeckt Basmatireis besonders gut.

Gefilztes Springseil

Material:
- Märchenwolle mit Filzeigenschaft, möglichst im Band
- ca. 30 cm Bleiband
- flüssige Seife
- warmes Wasser
- evtl. Filznadel (in gutem Bastelgeschäft oder im Versandhandel erhältlich)
- evtl. Bambusunterlage, z.B. ein Fensterrollo oder Tischset

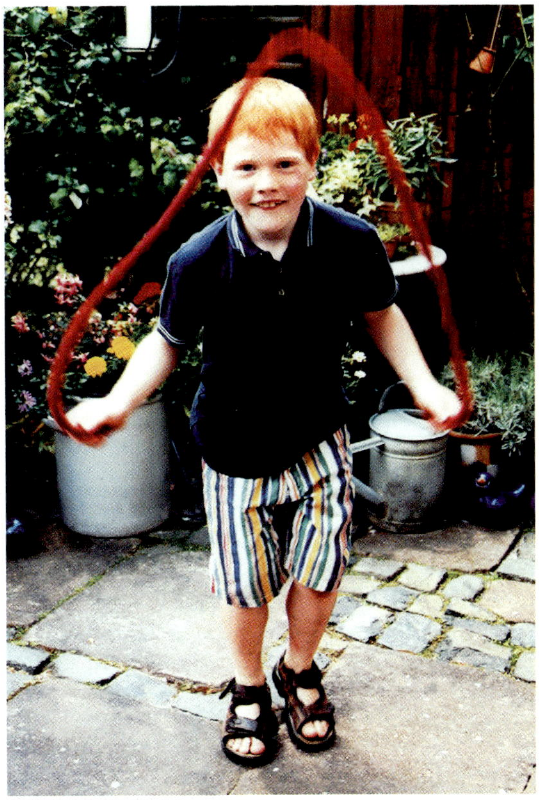

Anleitung:
Aus Märchenwolle legen wir uns möglichst an einem Stück ein ca. 5 – 8 cm breites Band zurecht. Wenn wir die Wolle in der Breite zusammendrücken, sollte sie fingerdick sein. Die Länge muss von den Füßen bis zum Kopf des Kindes reichen. Am besten nimmt man ein Metermaß und misst die Höhe von den Füßen bis zum Kopf und verdoppelt die gemessene Länge.
Damit das Springseil schwer genug ist und gut fliegt, arbeiten wir in die Mitte ein Stück Bleiband ein. Wir legen es auf die trockene Wolle und wickeln es fest ein. Mit einer Filznadel stechen wir sehr häufig schräg um das Bleiband herum in die Wollschnur, sodass die Wolle sich nicht wieder aufwickelt. Das übrige Wollband bearbeiten wir später. Nun befeuchten wir nur das Wollstück in der Mitte mit dem eingewickelten Bleiband. Das Wollband rechts und links davon bleibt vorerst trocken. Zwischen unseren feuchten und mit flüssiger Seife versehenen Handflächen oder auf einer Bambusunterlage reiben wir zunächst sehr vorsichtig die Wollschnur. Nach und nach können wir fester arbeiten. Die Wolle wird sich mit der Zeit zu einer festen Schnur verbinden.

Als Nächstes werden die Teile rechts und links von der Mitte bearbeitet. Jeweils am Ende bleiben ca. 15 – 20 cm ausgespart. Auch hier beginnen wir, die Wolle fest zusammenzurollen und mit der Filznadel zu stechen. Dann filzen wir wie oben beschrieben dieses Teil des Springseiles weiter.
Zum Schluss arbeiten wir die «Haltegriffe». Dafür klappen wir die Enden jeweils ca. 10 cm um. Damit der Haltegriff etwas verdickt ist, legen wir ein ebenso langes Wollstück zwischen das umgeklappte Ende. Wir versuchen, die offen stehenden Stellen zu schließen, indem wir die Wolle etwas zusammendrücken und die sich überlappende Wolle mit der Filznadel befestigen. Dann filzen wir die Haltegriffe wie anfangs beschrieben.
Ist das Springseil überall gut fest und hat es die gewünschte Länge, sodass sein Besitzer gut damit springen kann, wird in klarem Wasser die Seife restlos ausgewaschen. Dem letzten Spülwasser sollte ein Schuss Essig zugefügt werden.
Für den Fall, dass das Springseil noch nicht fest genug oder etwas zu lang sein sollte, kann man es mit der Buntwäsche eine Runde in der Waschmaschine mitwaschen.

Rätsel

Bin nicht gern gesehen bei Tisch,
doch nehme ich auch bei den Königen Platz.

Christel Dhom
(egeilF eiD)

Riesenseifenblasen

Material für die Seifenlauge:
- 2,5 l Wasser
- 125 g Zucker
- 6 g Tapetenkleister
- 175 ml flüssige Seife (Neutral- oder Schmierseife)

Anleitung:
In heißem Wasser den Zucker mit dem Schneebesen auflösen. Warten, bis das Wasser abgekühlt ist, dann den Tapetenkleister und die Seife hinzufügen. Nun mit einem Kochlöffel rühren, damit sich kein Schaum bildet. Die Lauge wird dann vor dem Gebrauch mindestens 2 Stunden stehen gelassen. Sie lässt sich gut in großen Mengen herstellen, in Schraubgläsern transportieren und lange aufbewahren.

Material für den Reifen:
- Weide für einen Reif von 16 – 21 cm Durchmesser (ca. 50 – 65 cm Länge)
- Weide für einen Griff
- Blumendraht

Anleitung:
Aus Weide biegen wir einen Reif von 16 – 21 cm Durchmesser. Frische Weide kann direkt gebogen werden. Mit Blumendraht befestigen wir die übereinander stehenden Enden des Reifs, indem wir sie fest umwickeln. An dieser Stelle befestigen wir ebenso mit Blumendraht einen Griff aus Weide. Bei Bedarf umwickeln wir den Draht mit Klebeband. An der Herstellung der Reifen können sich die Kinder bei der Festvorbereitung gut beteiligen.
Damit der Reif die Lauge gut aufnehmen kann, muss diese in eine flache Schale (Blumentopfuntersetzer, Frisbeescheibe o. Ä.) gefüllt werden.

Riesenseifenblasen eignen sich für Sommerfeste aller Art, die im Freien gefeiert werden können. Dabei darf es jedoch nicht windig sein, da sonst die Seifenblasen schnell zerplatzen.

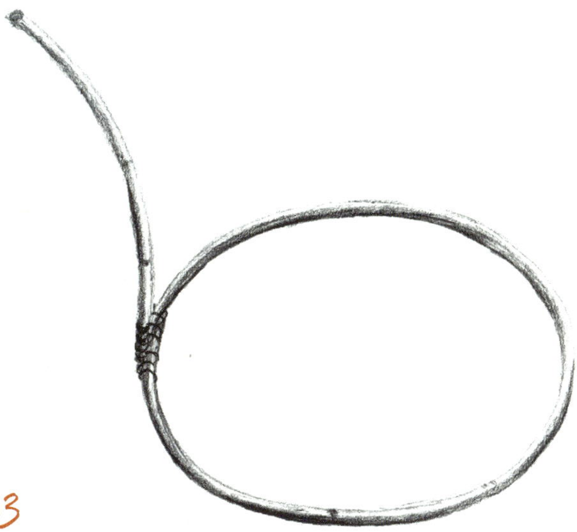

Bärenstarke Beerenmarmelade

Zutaten für Grundrezept:

- 1 kg Beerenfrüchte (Himbeeren, Johannisbeeren, Heidelbeeren, Brombeeren, Stachelbeeren, Jostabeeren oder eine Mischung aus roten und schwarzen Johannisbeeren)
- 1 kg brauner Zucker oder Honig
- 1 gehäufter TL Agar Agar
- 1/2 Zitrone (Saft)

Zubereitung:

Die Beeren waschen, verlesen und klein schneiden oder mit einem Kartoffelstampfer etwas zerdrücken. Zucker oder Honig dazugeben, verrühren und einige Stunden ziehen lassen. Nun 5 – 10 Minuten unter ständigem Rühren kochen. Dann den Zitronensaft und das in Wasser aufgelöste Agar Agar hinzufügen. Noch einmal aufkochen lassen und in heiß ausgespülte Schraubgläser füllen, diese fest zudrehen und zum Abkühlen auf den Kopf stellen.

«Exotische» Varianten:

Stachelbeere-Kiwi-Marmelade: 1 kg grüne Stachelbeeren, 2 – 3 klein geschnittene Kiwis, 1 kg brauner Zucker, Saft einer halben Zitrone, 1 gehäufter TL Agar Agar. Zubereitung wie oben.

Stachelbeere-Bananen-Marmelade: 1 kg rote Stachelbeeren, 2 große ausgereifte, in Stücke geschnittene Bananen, 1 kg milder Frühlingshonig, Saft einer halben Zitrone, 1 gehäufter TL Agar Agar. Zubereitung wie oben.

Gelbe Himbeermarmelade mit Ananassalbei: 1 kg gelbe oder weiße Himbeeren, 1 kg milder Frühlingshonig oder brauner Zucker, Saft einer halben Zitrone, 10 klein geschnittene Blätter Ananassalbei, 1 gehäufter TL Agar Agar. Zubereitung wie oben.

Sommer

Melodie: Helga Oberländer | Text: Hella Krause-Zimmer

Das Kornfeld

Was ist schöner als das Feld,
wenn die Halme, all die schlanken
leise schwanken,
und ein Halm den andern hält.

Wenn im Korn die Blumen blühn,
leuchtend rot und blau dazwischen
und sich mischen
lieblich in das sanfte Grün.

Wenn es flüsternd wogt und wallt,
Lerchen sich daraus erheben,
drüber schweben,
und ihr Lied herniederschallt!

Dann den stillen Pfad zu gehn
durch das Korn – welch eine Wonne!
Nur die Sonne,
nur die Lerche kann uns sehn.

Johannes Trojan
(Aus: *Scheine Sonne, scheine*)

Selbst gemachte Straßenmalkreide

Material:
- Gips (1,5 kg reicht für ca. 15 – 20 Kreidestücke)
- Wasser
- Stockmar Aquarellfarben oder Abtönfarben
- Teelöffel und Marmeladenglas
- etwas Alufolie und mehrere Gummibänder
- Kartonrolle mit ca. 3 cm Durchmesser (z.B. von Frischhaltefolie, Toilettenpapier, Alufolie) oder ein entsprechender Plastikschlauch aus dem Baumarkt

Anleitung:
Aus 2/3 Gips und 1/3 Wasser rühren wir in einem Marmeladenglas einen dicken Brei an. Es sollten immer nur kleine Mengen an Gips angerührt werden, da er relativ schnell trocknet und deshalb rasch verarbeitet werden muss. Die Kartonrollen schneiden wir auf ca. 10 cm Länge zu. Verwenden wir Toilettenpapierrollen, müssen wir sie mit einem Messer der Länge nach aufschneiden, auf ca. 3 cm Durchmesser zusammendrücken und mit Gummibändern zusammenhalten. Die Kartonrollen werden an einer Seite mit Alufolie verschlossen und diese mit einem Gummiband gehalten.
Zunächst füllen wir die helle Gipsmasse in Rollen, um später weiße Straßenmalkreide zu bekommen. Bunte Kreide erhalten wir, indem wir der Gipsmasse unverdünnte Aquarellfarben oder Abtönfarben beimengen. Durch die Menge legen wir die Farbintensität der Kreide fest. Nach ca. 15 – 20 Minuten kann der Karton bereits wieder entfernt werden. Bevor die Kreide zum Malen verwendet wird, muss sie jedoch gut durchtrocknen.

Das Herstellen von Straßenmalkreide ist eine schöne Beschäftigung für Kindergeburtstage,

Regenwettertage, Kindergartengruppen oder Schulklassen. Auch wenn es Straßenmalkreide überall inzwischen recht billig zu kaufen gibt, ist es dennoch unter pädagogischen Gesichtspunkten wertvoll, den Entstehungsprozess zu erleben. Hinzu kommt, dass alle Inhaltsstoffe bekannt sind.

Kränze, Kränze, immer wieder Kränze

Das ganze Jahr über haben Kränze in unterschiedlichen Ausführungen und Funktionen Saison. Bindematerial findet sich während des ganzen Jahres im Garten oder in der freien Natur. Angefangen bei Buchs, Efeu, Thuja über frische Blüten und Kräuter bis hin zu Fruchtständen, Getreide, Blattwerk und Tannen ist fast alles geeignet.
Kränze können als Tisch- oder Wandschmuck, als Kerzen- oder Türdekoration Verwendung finden und sind eigentlich recht einfach herzustellen. Selbst kleine Kinder können z.B. beim Sammeln, Sortieren und Schneiden des Materials mit einbezogen werden; ab dem Schulalter sind sie mit etwas Unterstützung sogar selbst in der Lage, Kränze zu binden.
Kränze sind nicht nur ein schönes Schmuckstück, sondern bereiten bei ihrer Herstellung schon viel Freude und ein tiefes Gefühl von Zufriedenheit.
Hat man mit der Kreisform schon etwas Erfahrung gesammelt, kann man sich auch an eine Herzform oder eine Erntekrone wagen.

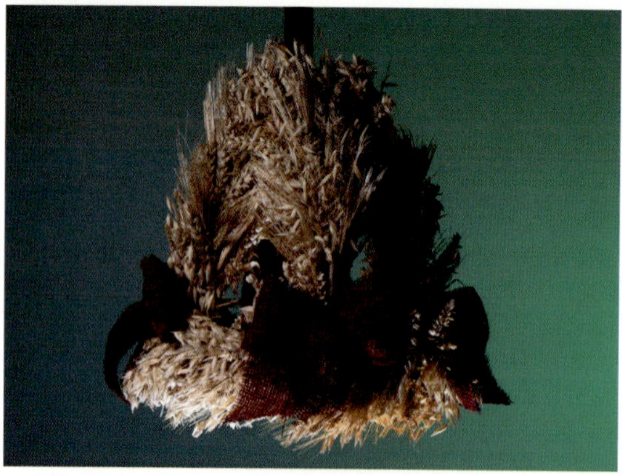

Material:

- Reif als Unterbau aus Draht, Stroh, Heu oder Ginster
- Blumendraht
- Gartenschere
- Bindematerial

Anleitung:

Frisch geschnittener Ginster ist sehr beweglich und lässt sich gut in Form biegen. Wir brauchen 2 – 3 Reiser, die wir in beliebiger Größe rund biegen und mit Blumendraht umwickeln.
Das Material zum Binden sollte stets frisch sein. Trockenes Material würde brechen und eignet sich deshalb nur zum Stecken.
Das Bindematerial wird auf eine Länge von 8 – 12 cm zurechtgeschnitten. Soll unterschiedliches Material in einem Kranz verwendet werden, lassen wir es sortiert vor uns liegen. Im Wechsel nehmen wir kleine Büschel und binden sie mit Draht auf den jeweiligen Unterbau. Dabei achten wir darauf, dass die Spitzen des Bindematerials entsprechend dem Uhrzeigersinn angeordnet sind. Es werden kleine Büschel am äußeren Rand, in der Mitte und am inneren Rand des Unterbaus festgebunden, wobei wir außen und in der Mitte mehr brauchen als am inneren Rand. Gleichmäßig über den ganzen Reifen binden wir den Kranz. Etwas Mühe und Übung erfordert die Stelle, an der das Ende mit dem Anfang verschmelzen soll. Gelingt es einmal nicht so gut, setzen wir dort einfach eine Schleife hin.

Je nach Verwendungszweck schmücken wir den Kranz. Schleifen, Zapfen, Orangenscheiben, Zimtstangen oder anderes werden erst mit Draht umwickelt und dann mit den überstehenden Enden am Kranz befestigt. Für Kerzen verwenden wir am besten vorgefertigte Halterungen, die in den Kranz gesteckt werden können. Über einer brennenden

1.

2.

3.

4.

Kerze können wir aber auch einen mit der Beißzange gehaltenen Nagel erhitzen und den Kopf soweit wie möglich in den Boden der Kerze schieben. Nach dem Erkalten sitzt der Nagel fest, und die Kerze kann in den Kranz gesteckt werden.

1. Kleine Büschel werden mit Draht auf den Unterbau gebunden.
2. u. 3. Die Spitzen des Bindematerials sind entsprechend dem Uhrzeigersinn angeordnet.
4. Etwas Mühe erfordert die Stelle, an der Anfang und Ende miteinander verschmelzen.

Sommernacht

Wenn lau und lind die Nachtluft weht,
ein Engel schwebt von Beet zu Beet
auf leisen, leichten Schwingen.
Und wo er sanft vorüberrauscht,
da schweigt die Nachtigall und lauscht
und mag nicht fürder singen.

Der Glühwurm setzt sich auf das Blatt,
die Linde, die geflüstert hat,
sie tut sich sachte neigen.
Im Feld die Grille singt nicht mehr,
das Bächlein rieselt still daher.
Allüberall herrscht Schweigen.

Da breitet übers ganze Land
der Engel segnend seine Hand
und schwingt die Friedenspalme.
Und morgen in der weiten Au
glänzt nah und fern des Himmels Tau
an jedem Gras und Halme.

Friedrich Güll
(Aus: *Eins und Alles*)

Gefilzte Blumenhaargummis

Material:

- ungesponnene Schafwolle im Vlies in zwei zusammenpassenden Farben mit Filzeigenschaft
- Filzutensilien wie bei «Gefilzte Schäfchen» (siehe Seite 23 f.) beschrieben
- Haargummi
- Nähzeug, evtl. Trockenfilznadel und Schwamm

Anleitung:

Wie bei «Gefilzte Schäfchen» (siehe Seite 23 f.) beschrieben, stellen wir ein zweifarbiges Filzteil her. Auf ein Stück Papier malen wir ganz frei eine fünf- oder sechsblättrige Blume und schneiden diese aus. Kleinere Kinder brauchen dabei etwas Unterstützung, oder man gibt ihnen eine fertige Schablone.
Entsprechend der Vorlage werden Blumen aus

dem Filzteil geschnitten. In der Mitte der Blume kann ein gelber Knopf aus gelbem Filz mit winzigen Stichen aufgenäht oder aber mit gelber Wolle und einer Trockenfilznadel genadelt werden.
Dies geht recht einfach: Unter die Blume wird ein trockener Schwamm gelegt. Die gelbe Wolle wird zwischen den Fingern zu einer kleinen Scheibe gedrückt und in die Mitte der Blume gelegt. Mit der Filznadel wird nun durch sehr häufiges Einstechen die gelbe Wolle mit der darunter liegenden Blume fest verbunden, also verfilzt.

Vorsicht! Die Filznadel hat Widerhaken – und man kann sich empfindlich damit verletzen.

Rätsel

Er ist jeden Tag bei uns zu Gast,
zwingt uns, wann immer er kommt,
zu einer Rast.
Wir können ihm nur
mit geschlossenen Augen begegnen
und nicht viel sprechen,
nicht mit ihm reden.

Christel Dhom
(falhcS reD)

Wir haben ein goldenes Band

Text u. Melodie: L. Henning

Der Sommer nimmt das Band und zieht es in sein Land;
da leuchtet hell der Sonnenschein im Gras viel tausend Blümelein.

Wir ziehen Hand in Hand wohl in des Sommers Land;
bei Sonnenschein und Blumenblühn, da woll'n wir alle tanzen gehn.

Regenwetter

Regen, Regen

Regen, Regen,
Himmelssegen!
Bring uns Kühle, lösch den Staub
und erquicke Halm und Laub!

Regen, Regen,
Himmelssegen!
Labe meine Blümelein,
dass sie blühn im Sonnenschein!

Regen, Regen,
Himmelssegen!
Nimm dich auch des Bächleins an,
dass es wieder rauschen kann!

August Heinrich Hoffmann
von Fallersleben
(Aus: *Eins und Alles*)

Was tun an Regentagen?

So wie Tag und Nacht zusammengehören, sind auch im schönsten Sommer Regentage notwendig und durchaus auch angenehm. Die ersten Regentropfen nach einigen heißen Tagen lassen es gut nach Erde duften. Frische und Reinheit der Luft werden von vielen Menschen als wohltuend empfunden. Selbst in der Natur ist ein Aufatmen zu beobachten, und die Farben erscheinen frischer, ja manchmal sogar leuchtender.

Jeder Landwirt und Gartenbesitzer, der mit der Natur lebt, weiß, dass lange Trockenperioden den Ernteertrag verringern können und die Existenz einzelner Pflanzen bedrohen. Aber nicht nur die Pflanzen, auch die Tiere leiden unter lang anhaltender Hitze. Ein gesunder Wechsel von Sonne und Regen ist deshalb für Mensch, Tier und Pflanze am angenehmsten, wird uns aber leider nicht immer von der Natur gegeben.

Regenwetter, auch wenn es sich über mehrere Tage hinzieht, muss also kein Grund für Trüb-

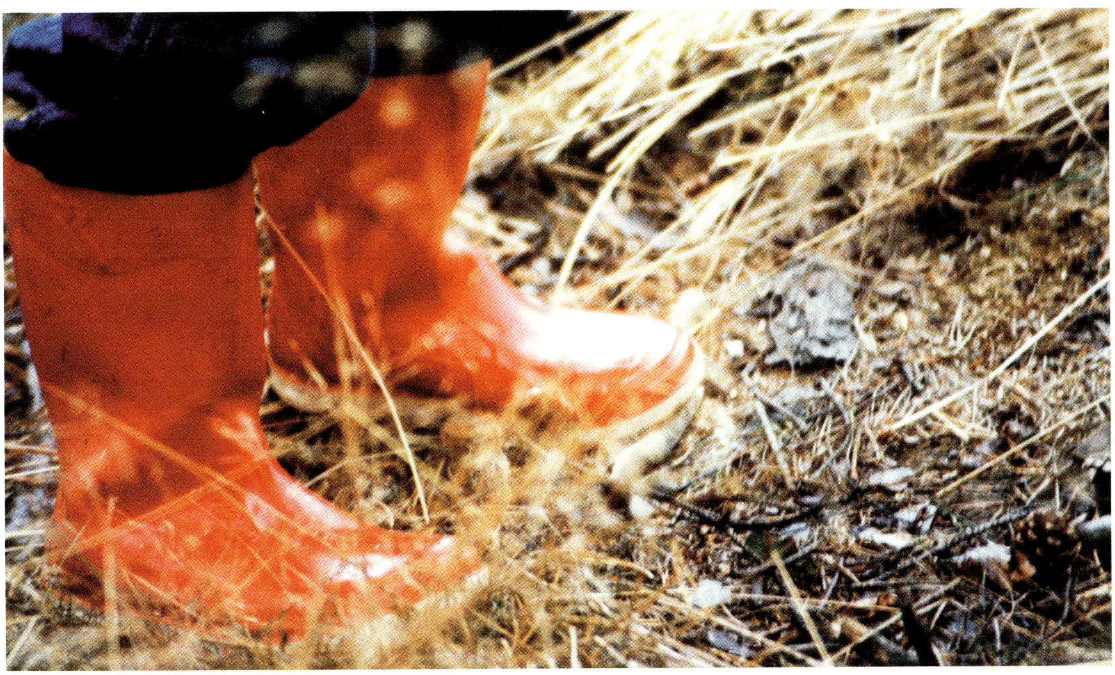

sal sein. Im Bewusstsein, dass die Pflanzen – und somit letztendlich auch der Mensch – das lebenserhaltende Wasser brauchen, lassen sich Regentage viel besser ertragen. Wichtig ist, wie wir sie gestalten, was wir uns vornehmen, z.B. eine Aktivität im Freien planen und vorbereiten, Geschichten erzählen oder vorlesen, basteln, Briefe schreiben, spielen oder etwas Leckeres kochen, um es dann gemütlich zu essen ... So kann man auch Regentagen etwas Schönes abgewinnen, selbst wenn man kein Landwirt oder Gartenbesitzer ist.

Regenschirm-fensterbild

Material:

- Regenbogenkarton
- Bleistift
- Schere
- Nähzeug

Anleitung:

Entsprechend unserer Vorlage fertigen wir eine Schablone an und übertragen sie in gewünschter Anzahl auf den Regenbogenkarton. Natürlich können stattdessen auch von den Kindern frei gezeichnete Regenschirme auf dem bunten Karton entstehen. Diese werden ausgeschnitten.

Nun können mehrere Regenschirme mit Hilfe einer dünnen Nadel und eines Fadens aneinander geknotet werden. Es besteht auch die Möglichkeit, mehrere Regentropfen aus den Kartonresten auszuschneiden und an den Regenschirm zu binden (siehe Foto). Diese bunten Regenschirme lassen Fenster oder Glastüren an tristen Tagen etwas fröhlicher erscheinen.

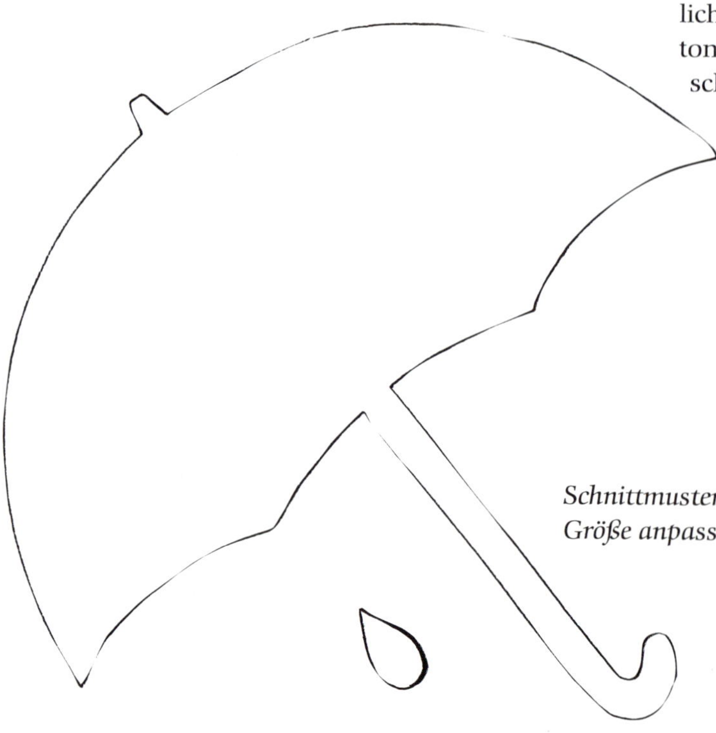

Schnittmuster auf die gewünschte Größe anpassen.

Fische angeln

Aus Hefeteig (bricht nicht so leicht) oder Mürbeteig (hält länger frisch) werden Fische gebacken. Diese können von Kindern und / oder Erwachsenen frei geformt werden. Eine Rosine wird zum Auge, und mit einer Schere werden kleine Schuppen in den Hefeteig geschnitten. Sind die Fische gebacken und abgekühlt, werden am Maul des Fisches aus Blumendraht kleine Drahtschlaufen angebracht.

Eine Angel fertigen wir aus einem Rundstab oder einem kleinen Zweig, der irgendwann einmal von einem Spaziergang mitgebracht worden ist. Er sollte ca. 50 cm lang sein und mit einem scharfen Messer vorne eingekerbt werden. An dieser Kerbe befestigen wir einen Haken, den wir aus Blumendraht geformt haben. Für dieses Spiel legen wir die Fische auf ein blaues Tuch. Jedes Kind darf nun mit seiner Angel einen Fisch aus dem Teich fangen.

Frösche und Störche

Eines der Kinder wird als Storch ausgewählt. Aus einer Decke baut es sich in der Mitte ein Storchennest und setzt sich hinein. Drumherum hüpfen die Frösche. Einzelne Frösche fragen immer wieder, wie viel Uhr es denn sei. Der Storch antwortet beispielweise, dass es sieben oder drei oder zwölf Uhr wäre. Antwortet er jedoch «Zeit zum Fressen», dann springt er auf und versucht, einen Frosch zu fangen. Der Frosch wird nun zum nächsten Storch, sitzt im Nest und das Spiel beginnt von neuem.

Riesen und Zwerge

Eines der Kinder ist der Riese. Er will die Zwerge, die ihn so gerne ärgern, fangen. Hat er einen erwischt, ist dieser versteinert und bleibt mit gespreizten Beinen ganz still stehen. Ein Zwerg kann von einem anderen Zwerg befreit werden, indem dieser zwischen den Beinen durchschlüpft. Der Zwerg, der als letzter übrig bleibt, wird in der nächsten Runde zum Riesen.

Fühlsack

In eine große Stofftragetasche werden kleine Gegenstände des täglichen Lebens hineingelegt, z.B. Löffel, Eierbecher, Waschlappen, Tennisball, Wäscheklammer usw. Nun sollen mit verbundenen Augen die nackten Füße oder die Hände fühlen, um was es sich handelt. In der ersten Runde ist nur ein Gegenstand in der Stofftasche, später können es auch mehrere sein.

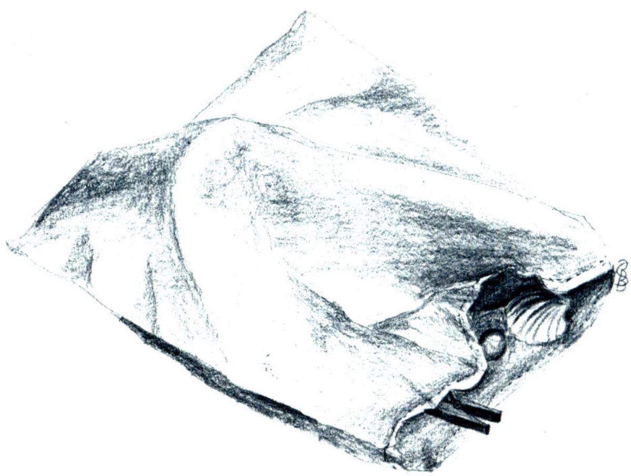

Verschiedenes Obst und Rohkostgemüse wird in kleine Stücke geschnitten. Ein Spielteilnehmer hat die Augen verbunden oder hält sie geschlossen. Er wird von einem anderen Kind gefüttert und soll nun raten, was er isst.
Dazu wird von allen der folgende Spruch gesprochen:

Schleckermäulchen aufgepasst,
Heute wird ganz viel genascht.
Hast' schon mal geleckt?
Sag, nach was es schmeckt!

Ratespiel

Beliebig viele Gegenstände (bei jüngeren Kindern weniger, bei älteren mehr) aus der Wohnung liegen auf dem Tisch. Alle schließen die Augen. Ein Teilnehmer nimmt einen Gegenstand weg. Nun dürfen die Augen wieder geöffnet werden, und der fehlende Gegenstand wird erraten. Wer es schafft, darf als Nächster einen Gegenstand wegnehmen.

Schnüffelspiel (Duftmemory)

Für dieses Spiel benötigt man leere Filmdöschen oder kleine Gläser mit Schraubdeckel. Sie werden mit typisch duftenden Materialien gefüllt, z. B. Lavendelblüten, Zimtstangen, Kaffeebohnen, Zitronenscheiben, Zwiebel- oder Knoblauchstücken, Sternanis, getrockneten Gewürznelken usw. Damit man die Duftquellen nicht sehen kann, werden sie mit Märchenwolle umhüllt, bevor sie in die Filmdose oder das Gläschen kommen. Natürlich kann man als Duftquelle auch konzentrierte natürliche ätherische Öle auf die Märchenwolle träufeln. Auf dem Boden der Filmdose oder des Gläschens sollte der Name der Duftquelle auf einem Aufkleber vermerkt sein.

Nun geht es darum, dass die Spielteilnehmer die Duftquellen benennen oder zwei genau identische (Memoryprinzip) herausfinden sollen. Wer die meisten richtig geschnüffelt hat, ist Sieger.

Regenrassel

Material:

- Papprolle, 26 cm lang (von einer Küchenpapierrolle oder Ähnlichem)
- ca. 70 Nägel, 3 cm lang
- 3 EL feiner Splitt
- festes Geschenkpapier
- Kreppklebeband
- kleine Kartonreste (z.B. leere Nudelpackung)
- Schere und Klebstoff

Anleitung:
Spiralenförmig drücken wir die Nägel im Abstand von einem halben Zentimeter in die Papprolle (siehe Zeichnung). Die Nägel müssen zuerst mit etwas Druck gedreht und dann ganz in den Karton geschoben werden. Über alle Nagelköpfe kleben wir einen Streifen Kreppklebeband, damit sie sich später nicht durch das Papier drücken.
Aus einem Kartonrest schneiden wir entsprechend dem Durchmesser der Papprolle zwei Kreise. Mit Kreppklebeband kleben wir damit die eine Öffnung der Rolle zu. Nun geben wir 3 Esslöffel Splitt in die Rolle und kleben auch die andere Öffnung sorgfältig zu.
Aus festem Geschenkpapier oder angemaltem Aquarellpapier schneiden wir zwei Kreise, die 4 cm größer sind als der Durchmesser der Papprolle. Den Rand zacken wir ein und bekleben die beiden Enden der Papprolle (siehe Zeichnung). Zum Schluss messen wir den Korpus der Rolle, schneiden entsprechend das Geschenkpapier zu – wobei die Enden sich überlappen sollten – und bekleben damit unsere Regenrassel.

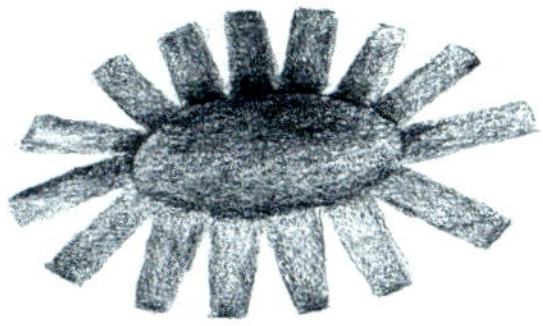

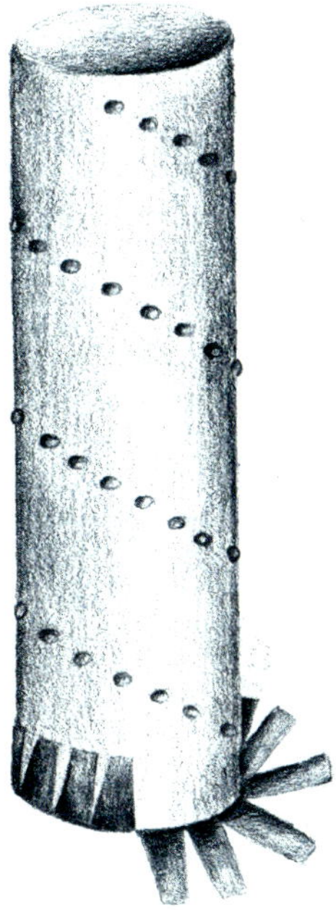

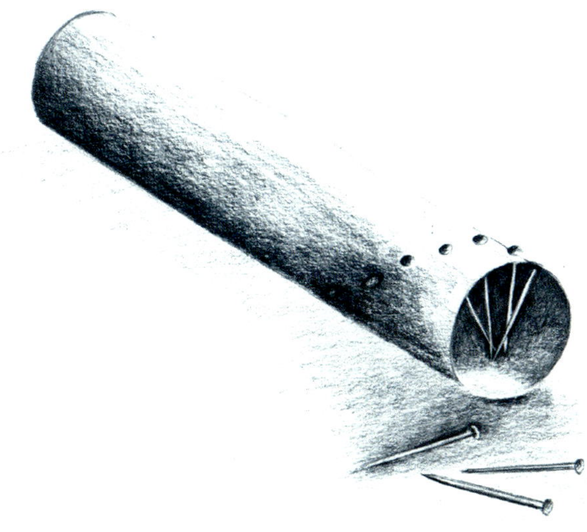

Rätsel

Ich tropfe ohne Ruh',
auf Haus und Baum, tropf' immerzu.
Mach' alle Menschen nass,
bring' zum Überlaufen das Fass.

(negeR)

He-ho, spannt den Wagen an

Kanon zu 3 Stimmen

nach einem englischen Kanon

Ein Wunsch geht in Erfüllung

Christina wünschte sich schon seit langem ein kleines Häschen. Großvater war aber der Meinung, dass sie dafür noch zu jung sei. «Das stimmt nicht, Großmutter sagt immer ‹großes Mädchen› zu mir!», protestierte Christina. «Du hast es nur noch nicht gemerkt, dass ich jetzt schon groß bin!» Vielleicht hatte sie damit sogar Recht.

Eines Tages, es regnete schon seit Stunden und Christina langweilte sich schrecklich, kam der Großvater. «Na», sagte er, «was machst du denn heute?» – «Nichts», antwortete Christina mürrisch. «Das ist ja nicht besonders viel. Was hältst du denn davon, wenn wir beide heute einen Hasenstall bauen würden?», fragte der Großvater. Das Mädchen traute ihren Ohren nicht. «Einen Hasenstall?», fragte es. «Für wen denn?» – «Ja, natürlich für dich.» Ein Jubelschrei war zu hören. «Wir könnten zusammen zum Baumarkt fahren und das nötige Material besorgen.» Christina ließ sich das nicht zweimal sagen – in Windeseile zog sie Schuhe und Jacke an. Beim Großvater dauerte es natürlich etwas länger, aber nach wenigen Minuten waren beide auf dem Weg zum Baumarkt.

Holz, Nägel, Draht, Scharniere und natürlich einen Riegel mussten sie kaufen. In Großvaters Schuppen wurde dann gemessen, gesägt und gehämmert. Christina hatte den Regen ganz vergessen. Von Langeweile war keine Spur mehr. Richtig rote Wangen bekam sie von der Arbeit, denn überall, wo es möglich war, ließ der Großvater Christina sägen. Mit Hammer und Nagel konnte sie schon lange recht gut umgehen. Das hatte sie alles vom Großvater gelernt. Bis zum Abend waren die Beiden fertig und hatten einen stattlichen Hasenstall gefertigt. Christina war sehr stolz auf die Arbeit, aber ein klein wenig getrübt war die Freude dennoch. Es fehlten ja noch die Bewohner dieser prächtigen Hasenbehausung.

«So», sagte der Großvater, «jetzt wollen wir uns mal die Hände waschen und Abendbrot essen. Danach fahren wir beide noch zu Onkel Tom.» Onkel Tom? – Christina war schon sehr lange nicht mehr dort gewesen. «Weißt du», fuhr der Großvater fort, «vor acht Wochen gab es nämlich junge Hasen bei Onkel Tom und jetzt sind sie soweit, dass du dir zwei aussuchen darfst.» Christina fand keine Worte mehr. Sollte sich wirklich heute einer ihrer großen Wünsche erfüllen? Sie konnte es kaum erwarten, dass der Großvater in Ruhe Abendbrot gegessen hatte. Unendlich lang kam es ihr vor. Auch den Weg bis zu Onkel Tom hatte sie viel kürzer in Erinnerung.
Die Häsin hatte sieben Junge. Zwei davon durfte sich Christina aussuchen. Erst einmal nahm sie eins nach dem anderen auf den Arm und streichelte es. So weich und zart war das glänzende Fell, besonders an den Öhrchen.
Christina überlegte lange, bis sie sich für ein schwarz-weiß geflecktes und ein ganz schwarzes Häschen mit einer weißen Vorderpfote entscheiden konnte.
Onkel Tom hatte schon einen großen Schuhkarton mit Heu für die Reise der beiden Häschen ausgelegt. Er gab ihnen auch noch Stroh, Heu und Trockenfutter mit. «Morgen besorgen wir eine Trinkflasche», sagte der Großvater, «damit die beiden auch keinen Durst leiden müssen.»
Auf dem ganzen Heimweg überlegte Christina, welche Namen sie ihren Häschen geben sollte. Nach diesem anstrengenden, aber schönen Tag, war sie rechtschaffen müde. Zusammen mit dem Großvater streute sie das Stroh in den Stall, setzte die Hasen hinein und begab sich nach einer Katzenwäsche selbst ins Bett. Einen Namen für die Hasen wollte sie am nächsten Tag aussuchen.

Gefilzter Wetterfrosch

Material:

- rote und grüne ungesponnene Schafwolle mit Filzeigenschaft
- flüssige Seife oder geraspelte Olivenölseife
- warmes Wasser
- Essig
- schwarze Perlen, ca. 0,7 – 1 cm Durchmesser
- Nähzeug, Schere, evtl. Filznadel

Anleitung:

Aus roter Wolle formen wir eine Kugel, die zusammengedrückt etwa 4 cm Durchmesser hat. Sparsam befeuchten wir sie und reiben sie mit Seife ein. Die Seife wirkt ein wenig wie Klebstoff und hilft, die Wolle zusammenzuhalten. Zwischen den feuchten Handflächen rollen wir vorsichtig eine kurze Weile, bis die Wolle von alleine zusammenhält und zu einer schönen Kugel gefilzt ist.

Nun wird die rote Kugel mit grüner Wolle gleichmäßig umhüllt. Bei Bedarf wird wieder Wasser und Seife verwendet. Zunächst zaghaft, später fest und auch mit kräftigem Druck, rollen wir die Kugel zwischen den Handflächen. Dies ist 20 – 30 Minuten lang erforderlich, damit der Ball durchgefilzt ist. Hierbei arbeitet sich dann auch etwas von der roten Wolle durch das Grün und wird sichtbar.

Für die Füße brauchen wir ein Wollstreifchen, das ebenfalls mit Wasser und Seife zwischen den Handflächen und Fingerspitzen gerieben wird, bis es fest verfilzt ist.

Im klaren Wasser wird die Seife wieder ausgewaschen. Dem letzten Spülwasser sollte ein Schuss Essig zugefügt werden.

Mit einem scharfen Messer oder der Schnittfläche einer Schere schneiden wir in den Ball ein – so entsteht das Maul des Frosches. Für seine Füße schneiden wir Zehen in den gefilzten Wollstreifen (siehe Zeichnung). Dann legen wir den Streifen zu einem V und nadeln ihn mit einer Trockenfilznadel oder nähen ihn mit winzigen Stichen am Frosch fest. Als Augen nähen wir zwei schwarze Perlen an.

Füße des Wetterfroschs

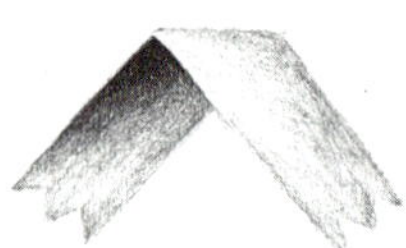

Powerschnitten

Zutaten:

- 75 g feine Haferflocken
- 125 g geriebene süße Mandeln
- 1 Bittermandel
- 2 gestrichene EL milder Honig
- 1 EL Zitronensaft
- 1 EL Sanddornfruchtsoße
- 2 Backoblaten (122 x 202 mm)

Zubereitung:

Die Haferflocken 10 – 15 Minuten in einer heißen Pfanne unter ständigem Rühren rösten und dann abkühlen lassen. Nun alle anderen Zutaten dazumischen, sodass ein fester klebriger Teig entsteht. Diesen Teig auf einer Backoblate flach drücken. Mit Hilfe eines großen Messers kann die Form gut eingehalten werden. Eine zweite Oblate darauf legen. Zwischen zwei Frühstücksbrettchen – am besten noch mit Gewicht beschwert – ruhen lassen. Nach einer Stunde kann man die Powerschnitten schneiden und im Kühlschrank aufbewahren.

Windspiel Strandgut

An sonnigen Tagen findet man am Strand in der Regel jede Menge Muscheln, Zweige und Steine. Die meisten Kinder haben am Sammeln große Freude und entdecken dabei die Vielfalt der Natur. An Regentagen können aus den gesammelten Schätzen kleine Windspiele entstehen. Dafür braucht man nur eine Kordel oder einen Bastfaden, eine Schere oder eine dicke Nadel. In den Muschelkalk können mit einer Scheren- oder Nadelspitze vorsichtig kleine Löcher gedreht werden, um einen Faden durchzuziehen. Nun können verschiedene Muscheln und Steine an einem Zweig festgebunden werden.

Ein solches Windspiel kann das Feriendomizil etwas persönlicher gestalten, aber auch eine nette Urlaubserinnerung oder ein Mitbringsel für einen lieben Menschen sein.

Übrigens: Windspiele lassen sich auch aus anderen in der Natur gefundenen «Schätzen» herstellen. Man muss dafür nicht ans Meer fahren.

Sommer- oder Gartenfest

Wenn die Tage länger und die Nächte kürzer sind, wenn es abends noch lange hell und warm ist, dann möchte man gerne draußen sitzen. Die Kinder schlafen nicht so gut ein und zumindest am Wochenende könnte man es ihnen gestatten, etwas länger aufzubleiben. Da bietet es sich an, befreundete Familien mit Kindern zu einem Gartenfest einzuladen, das möglicherweise schon am Nachmittag beginnt und am Abend endet. Bei den Vorbereitungen werden die Kinder selbstverständlich mit einbezogen. Sie lernen dabei nicht nur, wie man ein Fest vorbereitet, sondern werden sicher auch Spaß daran haben.

Neben einem nicht ganz alltäglichen Essen gehören natürlich ein nett gedeckter Tisch und zur Unterhaltung ein paar Spiele oder spannende Geschichten dazu. Auf jeden Fall sollte man die Sonne und die Wärme genießen und sich davon einen Vorrat für kalte Wintertage

sammeln, wie das einmal Frederic, eine der bekanntesten Mäuse, tat. Das Zusammensein mit lieben Menschen in der freien Natur, gemeinsames Essen, Spielen und Lachen, hat einen hohen Erholungswert und bleibt meist lange in guter Erinnerung.

Tischdeckenschmuck / -halter

Material:

- Gardinenhalter aus Metall
- Muscheln
- Stopfnadel oder kleiner Handbohrer
- evtl. kleine Zange

Anleitung:

Wir wählen von den gesammelten Muscheln schöne große Exemplare aus. Mit einer spitzen Nadel oder einem feinen Handbohrer machen wir, ähnlich wie bei einem Hühnerei, ein kleines Loch in die Muschel. Am Gardinenhalter biegen wir, evtl. mit einer kleinen Zange, die Öse soweit auf, dass sie durch das Loch der Muschel passt. Dann biegen wir sie wieder zu. Die Muschel kann jetzt im Garten ein Tischtuch schmücken oder es davor bewahren, vom Wind weggeweht zu werden.

Nach dem Motto: «Es muss nicht immer Fleisch sein», gibt es zum Gartenfest verschiedene Burger Marke «Eigenbau». Die vegetarischen Bratlinge können schon am Vortag vorbereitet werden. Sie werden dann während des Festes auf dem Grillfeuer in einer Pfanne oder Grillschale erwärmt. Dazu gibt es verschiedene runde Brötchen, Gemüse und Soßenbeilagen, mit denen sich die kleinen und großen Gäste ihre Burger individuell selbst zusammenstellen können. Die Vorbereitungen für ein solches Essen halten sich in Grenzen, und die Gäste können nach eigenen Vorlieben auswählen.

Gerstenbratlinge

Zutaten:

- 800 ml Wasser
- 1 große Zwiebel, 1 Knoblauchzehe
- 2 Brühwürfel
- 300 g Nacktgerste, gemahlen
- 50 g Grünkern, gemahlen
- 100 g Dinkelgrieß
- 125 g Kräuterpastete
- 2 Möhren
- 4 EL frische, fein gehackte Kräuter wie Petersilie, Schnittlauch, Dill, Liebstöckel, Majoran u. a.
- Salz, Muskat und Pfeffer zum Abschmecken
- Olivenöl zum Braten

Zubereitung:
Das Wasser in einem Topf zum Kochen bringen. Klein geschnittene Zwiebel, Knoblauchzehe und Brühwürfel dazugeben. Die fein gemahlene Gerste und den Grünkern mit dem Grieß vermengen und unter ständigem Rühren zum heißen Wasser geben. Solange weiter rühren, bis sich ein dicker Brei gebildet hat. Von der heißen Platte nehmen und zugedeckt 10 Minuten quellen lassen.
In der Zwischenzeit die Kräuter waschen und klein schneiden. Die Möhren putzen und sehr fein reiben. Kräuter, Möhren und alle übrigen Zutaten mit dem Teig vermischen, gut abschmecken und mit feuchten Händen 6 – 8 Bratlinge formen. In heißem Öl in einer Pfanne von beiden Seiten knusprig braten.

Knoblauchbutter

Zutaten:
- 125 g weiche Butter
- 2 Knoblauchzehen
- 1/2 TL Salz
- 4 EL frische, gehackte Petersilie

Zubereitung:
Die gewaschene Petersilie trocken tupfen und sehr fein schneiden. Knoblauchzehen schälen und fein hacken, Butter in kleine Stücke teilen, alles in einer Schüssel mit einem Holzlöffel vermengen und mit Salz abschmecken.
Die Butter in Alufolie geben, zu einer Rolle formen und im Kühlschrank aufbewahren. Vor dem Servieren die Folie entfernen und die Butter in Scheiben schneiden.

Helle Soße

Zutaten:
- 125 g Naturjoghurt
- 3 EL Mayonnaise
- 1 zerdrückte Knoblauchzehe
- 2 EL frischer, klein geschnittener Dill
- Salz und Pfeffer zum Abschmecken

Alle Zutaten miteinander vermengen und kalt stellen. Vor dem Servieren mit frischem Dill garnieren.

Rote Soße

Zutaten:
- 2 EL Olivenöl
- 1 Zwiebel
- 1 Knoblauchzehe
- 1/2 grüne oder rote Paprikaschote
- 200 ml Tomatenmark
- 100 ml Wasser
- 1 EL Apfelessig
- 2 TL brauner Zucker
- Salz, Pfeffer, Paprika, evtl. Tabasco oder scharfe Würzpaste

Zubereitung:
Das Olivenöl in einer Pfanne erhitzen. Geschälte und klein geschnittene Zwiebel und Knoblauchzehe dazu geben. Paprikaschote waschen, klein schneiden, in die Pfanne geben und alles zusammen andünsten.
Nachdem das gedünstete Gemüse etwas abgekühlt ist, die restlichen Zutaten untermengen und herzhaft abschmecken. In einem Schraubglas kühl aufbewahren.

Zum Belegen der Burger braucht man geputzte und gewaschene Salatblätter, in Scheiben geschnittene Tomaten, Salatgurken, Essig oder Senfgurken, hart gekochte Eier, Zwiebelringe, unterschiedliche Hartkäse und Feta oder

Schafskäse. Alles wird auf flachen Tellern oder Platten angerichtet. Zwischen den Zutaten können Töpfe mit Gewürzkräutern und zahlreichen Laternchen stehen.

Alkoholfreier Früchtecocktail

Zutaten:
- 1 – 2 EL Zucker
- 1 – 2 EL Zitronensaft
- Mango- oder Aprikosensaft (dickflüssiger, heller Saft)
- Kirschsaft oder schwarzer Johannisbeersaft (dünnflüssiger, dunkler Saft)
- pro Glas eine Sauerkirsche

Zubereitung:
Den Zucker und den Zitronensaft je auf eine Untertasse geben. Ein Sekt- oder Cocktailglas mit dem oberen Rand zuerst in den Zitronensaft und dann in den Zucker stülpen. So entsteht ein dekorativer Zuckerrand. Nun die Gläser vorsichtig (Zuckerrand sollte nicht beschädigt oder verkleckert werden) zur Hälfte mit Mango- oder Aprikosensaft füllen. (Sollte der Dicksaft zu süß sein, kann man ihn mit Zitronensaft mischen.) Dann den roten Saft sehr langsam über einen Teelöffel oder eine Kuchengabel, die den inneren Rand des Glases berührt, träufeln. Mit Sauerkirsche, Papierschirmchen und Strohhalm dekorieren.

Stuhlkissen

Die Spieler stehen im Kreis oder um den Tisch herum. Während Musik zu hören ist (alternativ jemand mit den Händen klatscht oder auf einem Tamburin spielt), wird ein Stuhlkissen mit den Knien an den Nachbarn weitergereicht, ohne dass es herunterfällt. Ausscheiden muss derjenige, der das Kissen zwischen den Knien hält, wenn die Musik gestoppt wird. Wer am Schluss übrig bleibt, darf eine Tischrede zur Eröffnung des Bufetts halten.

Knoten lösen (für Ältere)

Alle Spielteilnehmer stehen im Kreis. Jeder streckt seinen rechten Arm in die Mitte und nimmt einen anderen an die rechte Hand, aber nicht den direkten Nachbarn. Dann wird die linke Hand in die Mitte gestreckt und eine andere linke Hand gefasst. Nun soll der Knoten gelöst werden. Entweder versuchen dies alle gemeinsam oder es wurde am Anfang einer ausgewählt, der versuchen soll, den Knoten zu lösen. Dabei dürfen die Hände nicht losgelassen werden.

Riesenmikado

Für dieses Spiel benötigt man ca. 20 Rundstäbe mit einem Durchmesser von 8 – 12 mm. Die Rundstäbe werden jeweils in der Mitte mit einer Feinsäge einmal durchgesägt und an den Enden mit einem Bleistiftspitzer angespitzt. Jeder Stab ist gleich viel wert.

Alle Stäbe werden mit den Händen zusammengehalten und senkrecht beispielsweise auf der Terrasse aufgestellt. Dann lässt man sie plötzlich los – unter lautem Getöse fallen sie kreuz und quer. Jetzt geht es darum, mit den bloßen Füßen möglichst viele Stäbe nacheinander zu holen, ohne dass ein anderer Stab wackelt. Tut er es, kommt der Nächste an die Reihe.

Windlichte

Material:

- alte Marmeladengläser
- Bastband
- Küchen- oder Wildkräuter mit einem festen Stiel (z.B. Rosmarin, Lorbeer, Lavendel, Thymian, Bohnenkraut, Majoran usw.)
- evtl. 2 Zitronenscheiben
- Schere
- Teelichte

Anleitung:

Die Marmeladengläser müssen gut gespült und von der Papierbanderole befreit sein. Die Kräuter schneiden wir so, dass sie ein wenig über den Rand des Glases stehen. Zuerst umfassen wir mit der Hand die eine Hälfte des Glases und stecken zwischen Glas und Handfläche die Kräuter, um sie dann mit einem Bastfaden festzubinden. Mit der anderen Hälfte verfahren wir genauso. Sollten unschöne Lücken entstehen, können im Nachhinein noch Kräuter dazwischen gesteckt werden. Ganz hübsch sieht es aus, wenn man dazwischen noch Zitronenscheibenhälften bindet. Zum Schluss kommt das Teelicht in das Glas. Füllt man in das Glas 1 – 2 cm feinen Sand, steht die Kerze sicherer.

Abschied im Kindergarten und erster Schultag

Abschiedsfest im Kindergarten

Der Kindergarten ist für die meisten Kinder der erste Ort außerhalb der Familie, an dem sie Betreuung und Erziehung erfahren. Es finden Begegnungen mit anderen Kindern und Familien statt, aus denen sich lange Freundschaften entwickeln können. Die Kinder durchlaufen in dieser Zeit bis hin zur Schulreife große Entwicklungsschritte. Selbst wenn in den letzten Wochen zu beobachten ist, dass sie nicht mehr so gerne in den Kindergarten gehen, was durchaus als ein Zeichen von Schulreife gesehen werden kann, oder wenn sie einen Teil des Vormittags gelangweilt verbringen, ist der Abschied auch mit Wehmut verbunden. Für Eltern und Erzieherinnen mag dies ebenso gelten. Darum ist es für alle Beteiligten wichtig, den Abschied zu gestalten. Ein Abschiedsfest sollte Raum geben, um mit Dankbarkeit zurückzuschauen und mit Freude nach vorne zu blicken.

Die Erzieherin könnte eine Geschichte erzählen, die möglicherweise folgenden Inhalt hat:

«Vor langer, langer Zeit, als die Sonnenblumen blühten, kam eine Mutter mit einem kleinen Kind an der Hand in den Kindergarten. Das Mädchen hatte zwei Zöpfe und eine Puppe im Arm. Es war jetzt so groß, dass es ein Kindergartenkind werden wollte. – Am nächsten Tag kam ...»

Nun werden nacheinander möglichst alle Kinder, die zur Schule kommen, mit ihren kleinen Besonderheiten erwähnt, der Brille, der Haarfarbe, der Frisur oder Augenfarbe. Dann wird beschrieben, was es an Spielmöglichkeiten, Festen und sonstigen Aktivitäten im Kindergarten gab.

«Es folgten ein Winter und ein Sommer und die Kinder waren ein ganzes Stück gewachsen. Und wieder verging ein Winter und ein Sommer. Und im nächsten Winter kam ein Kind zur Erzieherin und zeigte ihr den Zahn, der wackelte. Bald kamen noch andere mit Wackelzähnen und eines Tages war bei einem Kind ein Zahn ausgefallen. Jetzt wusste die Erzieherin (oder Frau Soundso), dass im nächsten Sommer wieder einige Kinder zur Schule gehen würden – heute ist nun der letzte Kindergartentag für diese Kinder gekommen.»

Die Namen dieser Kinder werden genannt und damit man sie gut erkennen kann, bekommen sie eine Krone aus Goldkarton, Märchenwolle oder Blumen usw. aufgesetzt.

Die Kinder erhalten zum Abschied ein kleines Geschenk, das möglicherweise in einer Schultüte verpackt ist. Selbstverständlich konnten sich die Eltern im Vorfeld an der Herstellung der Schultüte oder des Geschenkes beteiligen. Schön wäre es aber auch, wenn ein Teil als Überraschung erscheinen kann.

Zum Abschiedsfest könnten die Erzieher oder Erzieherinnen die Eltern und Kinder mit einem kleinen Puppenspiel überraschen, das sie mit anderen Eltern oder Kindern vorbereitet haben. Die Erzieherinnen könnten es aber auch mit den Schulkindern gestalten.

Als weiterer Höhepunkt wäre ein Picknick mit der ganzen Kindergartengruppe schön. Jedes Kind bringt etwas Leckeres zum Essen und eine Decke mit. Gemeinsam spaziert man zu einer nahe gelegenen Wiese, für deren Benutzung man gegebenenfalls zuvor die Erlaubnis einholen muss. Das mitgebrachte Essen wird auf einer großen Tischdecke ausgebreitet. Nach dem gemeinsamen Mahl verbringt man noch ein wenig Zeit mit Reigen- und Kreisspielen.

Ein sich alljährlich wiederholendes «Ritual» erleichtert den Abschied für alle Beteiligten und lässt auf einen guten Neuanfang hoffen.

Mein erster Schultag

Es war nicht immer üblich, nach den Sommerferien, die von Bundesland zu Bundesland um einige Wochen variieren, einzuschulen. Bis Mitte des 19. Jahrhunderts lag der erste Schultag um den 12. März. Dieses Datum wählte man zu Ehren von Papst Gregor dem Großen, der am 12. März 604 starb und als Schutzpatron von Schülern und Lehrern galt.
Später waren die Termine in den einzelnen Bundesländern recht verschieden. Deshalb gab es in den Jahren 1966 / 67 verkürzte Schuljahre, die so genannten «Kurzschuljahre», um im ganzen Land den Einschulungstermin auf den Sommer zu verlegen und so wieder zu vereinheitlichen.
Da mit dem Schulbeginn «der Ernst des Lebens» anfangen soll, versuchte man auch in früheren Zeiten, den Kindern diesen Tag zu versüßen. Schon im Mittelalter bekamen die Kleinen getrocknete Früchte wie Feigen und Rosinen zum Schulanfang.
Zu Beginn des 19. Jahrhunderts entstand in Sachsen und Thüringen der Brauch, am ersten Schultag den Schulanfängern eine mit Süßigkeiten gefüllte Schultüte zu schenken. Schnell verbreitete sich diese schöne Geste im ganzen Land und gehört heute so selbstverständlich zur Einschulung wie der Ranzen.

Über Größe und Inhalt sollte man sich aber noch einige Gedanken machen. Waren früher Süßigkeiten etwas ganz Besonderes, weil es nur wenig und überhaupt selten welche gab, stehen sie heute meist täglich und im Überfluss zur Verfügung. Hinzu kommt, dass die Schultüte selbst an Größe gewaltig zugenommen hat. Von daher ist zu empfehlen, dass entweder im Kindergarten oder in der Schule die Eltern der neuen Schulkinder sich treffen, um selbst Schultüten in einer kindgemäßen Größe zu basteln und sich über deren sinnvollen Inhalt auszutauschen. Dies könnten selbst hergestellte Süßigkeiten aus gesunden Zutaten sein, eine gefilzte Trinkflasche- oder Flötenhülle, ein Springseil, Straßenmalkreide und natürlich getrocknetes Obst und vieles mehr. All dies eignet sich auch zum Abschluss des Kindergartens, wenn wir es mit den Kindern oder für sie herstellen. Zahlreiche Anregungen und Anleitungen finden sich in diesem Buch.

Sonnenblumenschultüte

Aus einem winzigen Samenkorn wächst unter günstigen Bedingungen eine stattliche Blume. Ähnlich der Sonne am Himmel strahlt sie mit ihren gelben Blättern nach allen Seiten. Dies kann ein Symbol des neuen Schulkindes werden. Man wünscht ihm für die Schulzeit günstige Bedingungen, damit es zu einer stattlichen inneren und äußeren Größe heranwachsen kann und sich freudig strahlend in die Welt stellt.

Material:

- 1 Bogen grüner Fotokarton
- 1 Bogen gelber Fotokarton
- braunes Krepppapier
- gelbe Schleife
- Schere und Bleistift, Klebstoff
- Wollfädchen

Anleitung:

Mit einem Bleistift und einem Wollfaden (siehe Zeichnung) zeichnen wir auf dem Fotokarton ein Kreisviertel auf und schneiden es aus. Damit unsere Schultüte noch etwas dünner wird, schneiden wir an der Seite einen Streifen ab (siehe schräge Fläche). Vorsichtig rollen und

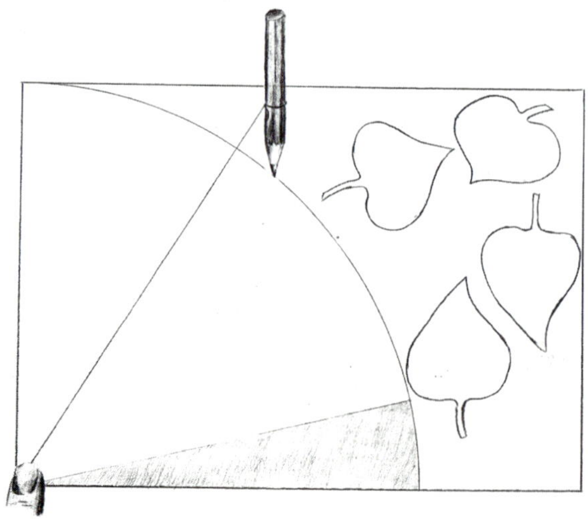

drücken wir den Karton zu einer Tüte. Er ist zunächst widerspenstig, besonders an der Spitze der Tüte. Deshalb ist es notwendig, den Karton eine ganze Weile in die gewünschte Form zu biegen, bevor wir einen Seitenstreifen mit Klebstoff versehen und den Kegel zusammenkleben. Damit der Karton nicht wieder aufspringen kann, klemmen wir an die Spitze und an das Ende eine Wäscheklammer. Von innen und außen drücken wir mit den Händen die beiden übereinander geklebten Kartonstreifen aneinander, bis der Klebstoff getrocknet ist. Sollte es Probleme dabei geben, verstärken wir die Klebestellen innen durch Klebeband.

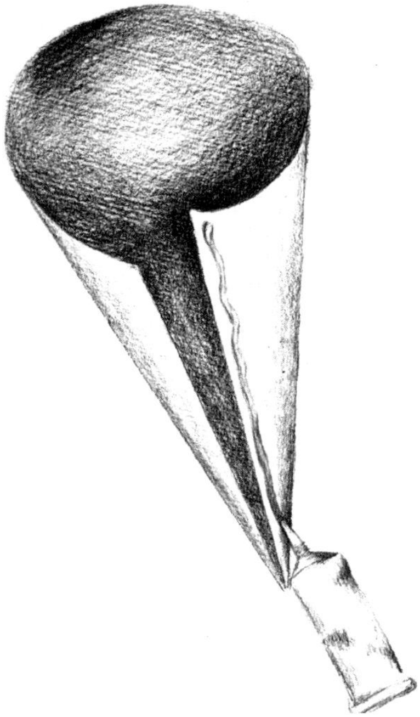

Auf den gelben Fotokarton malen wir den Umfang der Tütenöffnung (Tüte darauf stellen) und dahinein einen zweiten Kreis, der ringsherum ca. 2 – 3 cm kleiner ist. Ein dritter Kreis sollte ca. 10 cm größer sein als der erste. Hieran malen wir ringsherum die Blütenblätter der Sonnenblume. In den kleineren Kreis zeichnen wir Zacken, die wir nach dem Ausschneiden mit Klebstoff versehen und am inneren Rand der Tüte befestigen (siehe Zeichnung). Frei oder mit einem echten Sonnenblumenblatt als Vorlage zeichnen wir mehrere Blätter mit kurzem Stiel, die wir verteilt auf die Tüte aufkleben. Zum Schluss messen wir uns ein Stück braunes Krepppapier am Tütenrand ab. Das Papier sollte ca. 3 cm übereinander stehen. Wir kleben es in den inneren Rand der Tüte. Mit einer gelben Schleife wird das Krepppapier zusammengebunden und die Tüte verschlossen.

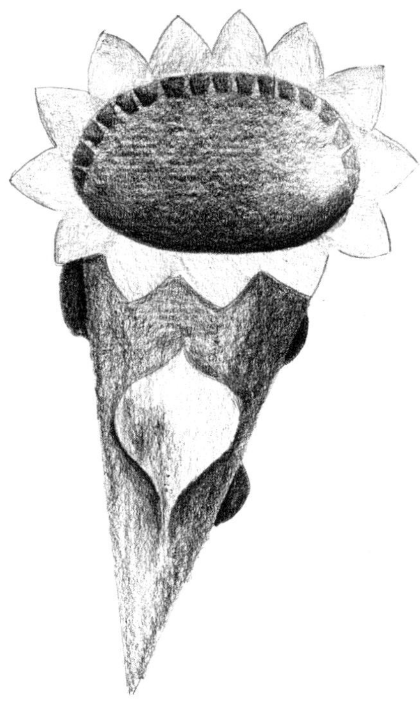

Nostalgische Tafel als Einladungskarte

Im Zeitraum der Einschulung gibt es oftmals mindestens ein Fest zum Abschied im Kindergarten oder zur Begrüßung in der Schule oder vielleicht am ersten Schultag im Kreise der Familie und den Freunden. Eine nette Einladungskarte, die originell gestaltet ist, trägt zur Freude über die Einladung bei und unterstreicht das besondere Ereignis (siehe Foto).

Material:
- schwarzes Tonpapier
- evtl. weißes Papier
- Papier in Holzstruktur
- Wollfädchen
- Rest eines Spülschwammtuches
- Rest eines Geschirrtuches
- Schere, Bleistift

Anleitung:
Aus schwarzem Tonpapier schneiden wir eine Tafel in Postkartengröße zurecht. Das Papier in Holzstruktur schneiden wir in einen ca. 2 cm breiten Streifen und bekleben damit den Rand der Tafel. Soll die Tafel etwas fester und auf der Rückseite mit Füller zu beschriften sein, bekleben wir sie mit weißem Papier. An eine der kurzen Seiten der Tafel bohren wir mit einer spitzen Schere ein Loch, um den Wollfaden für Schwamm und Tuch zu befestigen. Die schwarze Vorderseite kann mit einem weißen Buntstift beschriftet werden.

Gefilzter Flötenbeutel

Material:
- ungesponnene Schafwolle mit Filzeigenschaft im Vlies, naturfarben und in gewünschten bunten Farben
- flüssige Seife oder geraspelte Olivenölseife
- warmes Wasser
- altes Frotteehandtuch
- Essig
- alte Nylongardine oder Nylonfliegenschutzgitter
- Schwamm
- Teichfolie oder Trittschallisolierung für die Schablone
- Nähzeug
- Knopf

Anleitung:
Da die Wolle während des Filzens und Walkens um ca. ein Drittel schrumpft, müssen wir uns eine Schablone herstellen, die um ein Drittel länger und um ein Drittel breiter ist als die Flöte, der sie einmal Schutz geben soll. Am besten entwerfen wir erst einmal eine Schablone auf altem Zeitungspapier, um sie dann auf Karton oder Teichfolie zu übertragen.
Die Schablone legen wir vor uns auf die Arbeitsfläche, z. B. auf den geriffelten Teil der Spüle. Jetzt bedecken wir die Schablone mit einer Schicht naturfarbener Wolle. Diese sollte am Rand ca. 2 cm überstehen und in Querrichtung gekämmt sein. Nun geben wir etwas flüssige Seife auf einen nassen Schwamm und drücken ihn über der Wolle aus.
Auf die Wolle legen wir die Nylongardine. Sie verhindert, dass die Wolle am Schwamm oder an den Händen hängen bleibt oder verrutscht. Mit dem Schwamm streichen wir vorsichtig

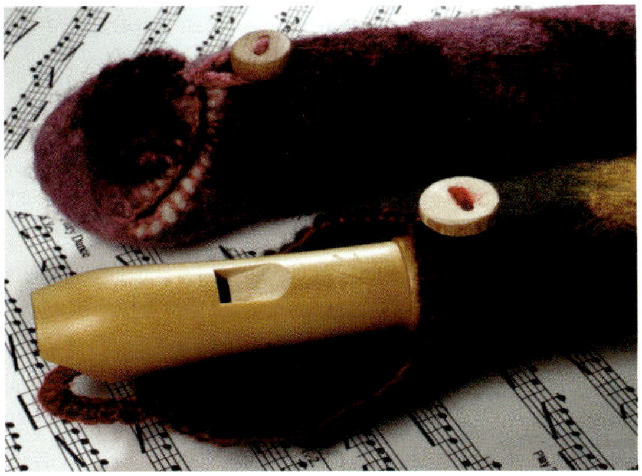

das Seifenwasser von der Mitte nach außen. Die Wolle soll durch und durch feucht, aber nicht fließend nass sein. Jetzt wenden wir die Schablone mit der Wolle auf die andere Seite und schlagen den überstehenden Rand eng an der Schablone entlang um.

Als Nächstes wird von dieser Seite die Schablone mit naturfarbener Wolle, die in Querrichtung gekämmt ist, bedeckt. Wiederum wird ein 2 cm breiter überstehender Rand gelassen, mit Seifenwasser befeuchtet und wie bei der Vorderseite weitergearbeitet.

Ist die Schablone von beiden Seiten mit naturfarbener Wolle umgeben, wiederholen wir den Prozess nacheinander auf beiden Seiten mit bunter Wolle, die jedoch in Längsrichtung gekämmt aufgelegt werden soll.

Mit der Gardine auf der Wolle reiben wir von jeder Seite gut 20 Minuten lang. Am Anfang gehen wir ganz behutsam vor, arbeiten immer von außen nach innen, damit wir den Rand der Schablone spüren. Die Wolle darf nicht darüber hinaus rutschen, da sie sich sonst zu einer Wulstnaht miteinander verbinden würde. Wir reiben, bis die Wolle soweit geschrumpft ist, dass es der Schablone zu eng wird, sie sich zu wölben beginnt. Dann schneiden wir an einer kurzen Seite eine Lasche in die Flötenhülle, ziehen die Schablone heraus und waschen die Wolle gründlich in klarem Wasser aus.

Damit das Wollteil noch mehr schrumpft und dadurch fester wird, rollen wir es nacheinander von allen Seiten in ein Frotteetuch ein. Es wird jetzt fest gerollt und geknetet, also gewalkt. Hat die Flötenhülle die gewünschte Größe bekommen, waschen wir sie nochmals in klarem Wasser, dem wir einen Schuss Essig beigemischt haben, aus. Nun die Hülle auswringen, glatt streichen und zum Trocknen auf ein altes Frotteetuch legen.

Eventuell wird die Flötenhülle noch mit einem Dampfbügeleisen glatt gebügelt. Die Öffnung kann nun mit einem Festonstich umstickt werden: Aus Luftmaschen eine Schlaufe häkeln und festmachen. Zum Schluss noch einen Knopf im entsprechenden Abstand annähen.

Schulfest oder Familienfest am 1. Schultag

Im Leben eines jeden Menschen ist der erste Schultag etwas Einmaliges. Besondere Höhepunkte in einem Leben werden in der Regel festlich begangen. Meist beginnt der erste Schultag mit einer kleinen Feierstunde, an der auch Eltern und Verwandte teilnehmen dürfen. Die neuen Schulkinder werden begrüßt und mit Liedern oder Gedichten älterer Schülerinnen und Schüler in die Schulgemeinschaft aufgenommen. Nach der gemeinsamen Schulfeier geht es dann in den eigenen Klassenraum, um die ersten Schulstunden mit dem Lehrer zu verbringen.

Währenddessen könnten die Eltern der Viertklässler, die nun am Ende der Grundschulzeit angelangt sind, die Eltern der neuen Erstklässler zu einem kleinen Imbiss einladen. Dabei besteht die Möglichkeit, sich kennen zu lernen, erste Kontakte zu knüpfen oder sich über Schule und Alltag auszutauschen. Zum Ende des ersten Schultages sind dann wieder alle versammelt, um das erste Klassenfoto zu machen.

Der Tag könnte nach der Mittagspause mit einer kleinen Wanderung ausklingen. Dies muss nicht im Klassenverband geschehen, sondern kann mit anderen Familien oder der eigenen Verwandtschaft stattfinden. Für den Schulanfänger ist es wichtig zu erleben, dass sich mit ihm noch viele andere Menschen freuen und ihn auf seinem neuen Weg, der immer auch mit Unsicherheiten gepflastert ist, begleiten. So hat das Schulkind das Gefühl, an diesem bedeutungsvollen Tag nicht allein gelassen zu sein. Das gibt ihm Sicherheit.

Gefilzter Trinkflaschenbeutel

Material:

- ungesponnene Wolle mit Filzeigenschaft im Vlies, naturfarben und in beliebigen bunten Farben
- flüssige Seife oder geraspelte Olivenölseife
- warmes Wasser
- altes Frotteehandtuch
- Essig
- alte Nylongardine oder Nylonfliegengitter
- Schwamm
- Trinkflasche aus Glas oder Plastik
- Flasche, die im Durchmesser ca. 1,5 – 2 cm größer und ein Stück höher ist als die Trinkflasche (z. B. Weinflasche, Einkochglas)

1.

2.

3.

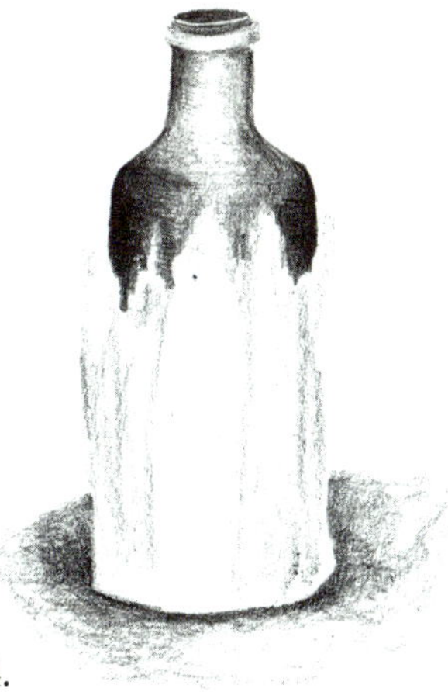

4.

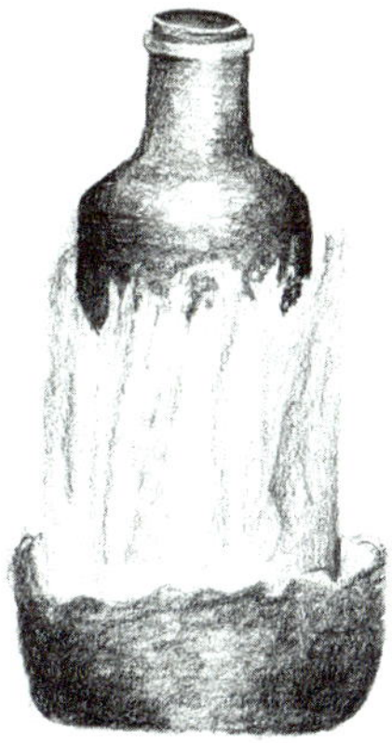

5.

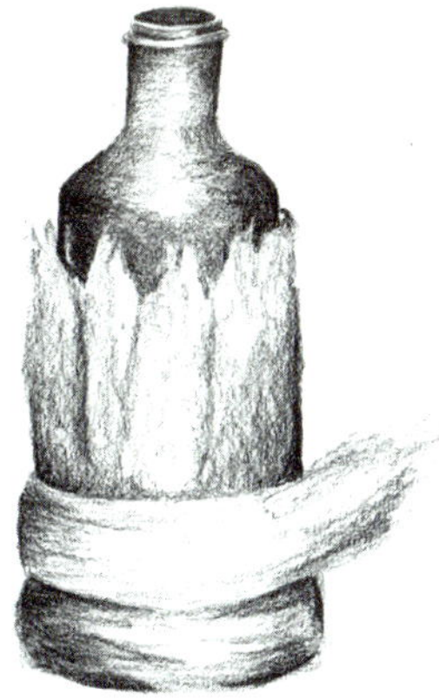

6.

Anleitung:
Aus naturfarbener Wolle legen wir sternförmig vier Wollstreifen übereinander (siehe Zeichnung). Die Streifen sollten doppelt so lang sein wie die Flasche hoch ist. Von dieser Länge rechnen wir ein Drittel aus und zählen es noch dazu, da die Wolle beim Filzen um ein Drittel schrumpft. Zum Beispiel hat eine Trinkflasche eine Höhe von 20 cm. Das Doppelte wären also 40 cm und ein Drittel für die Schrumpfung dazu ergeben 40 + 13,5 = 53,5 cm. In diesem Fall bräuchten wir 4 Wollstreifen à 53,5 cm Länge.
Da die Wolle nicht nur in der Höhe, sondern auch in der Breite schrumpft, nehmen wir zunächst die größere Flasche und stellen sie auf die Mitte der sternförmig ausgelegten Wollstreifen. Nun geben wir etwas flüssige Seife auf einen feuchten Schwamm und drücken diesen über der Wolle aus. Rings um die Flasche herum werden jetzt die Wollstreifen hochgedrückt. Die einzelnen Streifen sollten sich ein wenig überlappen, sodass kein Glas mehr zu sehen ist.
Aus der bunten Wolle formen wir uns eine kleine Platte, die größer als der Boden der Flasche sein muss. Auf diese Platte stellen wir die Flasche mit der hellen Wolle und drücken den

überstehenden Rand an den Flaschenrand. Sollte die Wolle nicht festhalten, muss sie mit Seifenwasser befeuchtet werden.
Quer zur naturfarbenen Wolle wickeln wir einen Wollstreifen möglichst eng um den Flaschenbauch, sodass dann keine helle Wolle mehr zu sehen ist. Damit die Wolle nicht so sehr verrutscht, umhüllen wir sie mit einem Rest Nylongardine.
Zunächst drücken und reiben wir mit den Fingern die Wolle sehr behutsam an der Flasche. Nach ca. 15 – 20 Minuten können wir spüren, wie sich die naturfarbene Wolle mit der bunten Wolle verbunden hat und fester geworden ist. Beginnt die Wolle enger zu werden, als die große Flasche dies zulässt, tauschen wir sie gegen die kleinere aus. Weiterhin muss gedrückt und gerieben werden, um die Wolle noch mehr zum Schrumpfen zu bringen.
Diesen Prozess können wir etwas beschleunigen, indem wir das Wollteil nacheinander von allen Seiten in ein altes Frotteehandtuch einrollen und es fest drücken und kneten. Zwischendurch muss immer wieder an der Flasche, die als Trinkflasche benutzt werden soll, gemessen werden, ob der Filz schon die gewünschte Größe bekommen hat.
Zum Schluss wird der Filz gründlich in klarem Wasser ausgewaschen. Dem letzten Spülwasser sollte ein Schuss Essig beigefügt werden.
Bei Bedarf kann der obere Rand des Filzes mit einer Schere abgeschnitten werden. Zum Trocknen lassen wir die Flasche in der Hülle stehen, damit die gewünschte Form erhalten bleibt. Nach dem Trocknen ziehen wir mit einer dicken Nadel ein Schmuckband durch den oberen Rand, ziehen es zusammen und binden eine Schleife.

Der Wollfilz wirkt isolierend auf den Inhalt der Flasche. Warme Getränke halten länger warm und kühle bleiben länger kühl. Darüber hinaus ist die Flasche vor dem Zerbrechen geschützt.

Liebend lerne

Herbstzeit

Der Herbst mit seiner Fülle an reifen Früchten und seiner Farbenpracht hat im Jahreslauf einen besonderen Stellenwert. Auch wenn über allem schon ein Hauch von Abschied und Wehmut liegt, so können wir der Schönheit der zahlreichen bunten Blätter, dem Glanz der morgendlichen Tautropfen auf den Blumenblättern, den glitzernden Spinnweben zwischen den Pflanzen, den letzten wärmenden Sonnenstrahlen viel Beglückendes abgewinnen. Vielleicht entdeckt der ein oder andere sogar ein wenig Sehnsucht nach Ruhe und Zurückgezogenheit.

Gerade deshalb ist es wichtig, den Herbst mit all seinen Besonderheiten zu genießen. Dazu gehört es auch, dass aus Früchten Vorräte für den bevorstehenden Winter angelegt werden, auch wenn die Vorratshaltung für unser Überleben nicht mehr notwendig ist. Das Einkochen oder Trocknen von Obst, Gemüse und Kräutern, das Zubereiten von Speisen, deren Zutaten nur zu dieser Jahreszeit reifen, ist wie ein Einatmen. Im praktischen Tun werden so Lebenszusammenhänge erlebbar gemacht. Äpfel ernten, waschen, schneiden, kochen, um daraus Mus herzustellen, ernährt nicht nur unseren Körper, sondern auch Geist und Seele.

Herbst

Es ist nun der Herbst gekommen,
Hat das schöne Sommerkleid
Von den Feldern weggenommen
Und die Blätter ausgestreut,
Vor dem bösen Winterwinde
Deckt er warm und sachte zu
Mit dem bunten Laub die Gründe,
Die schon müde gehn zur Ruh.

Durch die Felder sieht man fahren
Eine wunderschöne Frau,
Und von ihren langen Haaren
Goldne Fäden auf der Au
Spinnet sie und singt im Gehen:
Eia, meine Blümelein,
Nicht nach andern immer sehen,
Eia, schlafet, schlafet ein!

Und die Vöglein hoch in Lüften
Über blaue Berg' und Seen
Ziehn zur Ferne nach den Klüften,
Wo die hohen Zedern stehn,
Wo mit ihren goldnen Schwingen
Auf des Benedeiten Gruft
Engel Hosianna singen
Nächtens durch die stille Luft.

Joseph von Eichendorff
(Aus: *Eins und Alles*)

Großmutters Pflaumenkuchen

Zutaten für den Teig:
- 200 g Dinkelschrot
- 200 g Dinkelmehl 1050
- 1 Würfel Hefe (42 g)
- 1 Prise Salz
- 150 ml Wasser
- 100 g brauner Zucker
- 100 g Butter oder Margarine

Als Belag:
- 1 kg Pflaumen oder Zwetschgen

Zutaten für die Streusel:
- 120 g Butter oder Margarine
- 60 g gemahlene Haselnüsse
- 60 g gemahlene Mandeln
- 6 EL Honig

Zubereitung:
Das Mehl in eine Schüssel geben und in die Mitte eine Mulde drücken. Salz, Zucker, Butterflöckchen und die im erwärmten Wasser aufgelöste Hefe darauf verteilen, alles zu einem Teig kneten und zugedeckt an einem warmen Ort 30 Minuten gehen lassen.
Während dieser Zeit die Pflaumen waschen, kreuzweise einschneiden (siehe Zeichnung), entsteinen und ein entsprechendes Backblech einfetten.
Nun den Teig gut durchkneten und auf dem Backblech mit Hilfe einer kleinen Teigrolle verteilen. Die Pflaumen darauf setzten und 15 Minuten gehen lassen.
In einer kleinen Pfanne Butter, Haselnüsse, Mandeln und Honig bei schwacher Hitze und unter ständigem Rühren leicht rösten und anschließend über den Pflaumen verteilen.
Im vorgeheizten Backofen bei 180° C auf mittlerer Schiene ca. 40 Minuten backen und danach auf dem Blech abkühlen lassen.
Großmutters Pflaumenkuchen wird zum Sonntagskuchen, wenn er mit geschlagener Sahne serviert wird.

Kastanien-Boule

Jedes Kind hat mehrere Kastanien. In der Mitte liegt ein Stein. Nun versucht jedes von einem vorher vereinbarten Mindestabstand eine Kastanie so nahe wie möglich an den Stein zu werfen. Wessen Kastanie am nächsten ist, der bekommt die Kastanien der anderen Mitspieler und eine neue Runde beginnt. Es kann so lange gespielt werden, bis ein Spieler alle Kastanien errungen hat. Na, wer schafft das?

Maispuppe

Material:
- frischer Maiskolben mit Blättern
- Geschenkband
- Filzstift

Anleitung:
Die Blätter des frischen Maiskolbens werden vorsichtig eines nach dem anderen zum Stiel hin abgezogen. Den Kolben legen wir so vor uns hin, dass die abgezogenen Blätter nach oben zeigen. Die «Haare» des Kolbens werden entfernt. Von den unteren Blättern nehmen wir jeweils rechts und links ein Büschel, teilen es in drei gleich dicke Stränge und flechten daraus einen Zopf, dessen Ende mit einer Schleife zusammengehalten wird. Die restlichen Blätter binden wir nach oben. Mit einem Filzstift malen wir unserer Maispuppe ein Gesicht.

Bunt sind schon die Wälder

Weise: Johann Friedrich Reichardt (1752 - 1814) Satz: P.-M. Riehm (*1947) Text: Joh. Gaudenz v. Salis-Seewis (1762 - 1834)

Wie die volle Traube
Aus der Rebenlaube
Purpurfarbig strahlt!
Am Geländer reifen
Pfirsiche, mit Streifen
Rot und weiß bemalt.

Flinke Träger springen,
Und die Mädchen singen,
Alles jubelt froh!
Bunte Bänder schweben
Zwischen hohen Reben
Auf dem Hut von Stroh.

Geige tönt und Flöte
Bei der Abendröte
Und im Morgenglanz;
Junge Winzerinnen
Winken und beginnen
Frohen Erntetanz.

Gefilzte Mäuse

Wie bei «Gefilzte Schäfchen» (siehe Seite 23 f.) beschrieben, wird aus grauer Wolle eine dünne Filzplatte hergestellt. Entsprechend oder ähnlich unserer Vorlage (siehe Foto) wird daraus eine Maus und ein Öhrchen ausgeschnitten. Das Ohr wird mit einem dunklen Faden an der entsprechenden Stelle der Maus festgenäht. Für die Augen nähen wir eine kleine schwarze Perle auf. Das Schnäuzchen wird mit schwarzem Garn gestickt. Der Schwanz kann aus dem Körper herausgeschnitten werden oder er wird zwischen den Handflächen gerollt, gefilzt und dann angenäht.

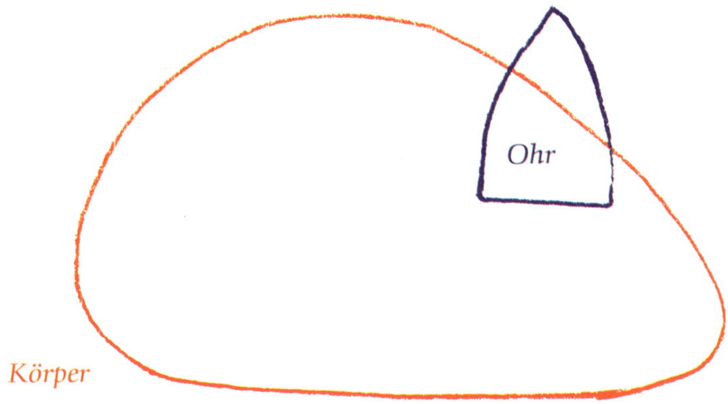

Zucchini süß-sauer

Zutaten:

- 300 ml Apfelessig
- 250 g brauner Zucker
- 300 ml Apfelsaft
- 1 TL ganze Nelken
- 1 TL Salz
- 1 TL frischer oder gemahlener Ingwer
- 1 Zimtstange
- ca. 1,5 kg Zucchini

Zubereitung:

Die Zucchini waschen, schälen, achteln, mit einem Löffel die Kerne und das Weiche herauslösen, in kleine Stücke schneiden und in kleine Schraubgläser füllen.
Die restlichen Zutaten in einen Topf geben, einmal aufkochen und dann abkühlen lassen. Die Zucchini damit übergießen, sodass sie bedeckt sind, den Glasrand säubern und fest zudrehen. Bei 80° C 15 Minuten in einem Einkochtopf sieden lassen. Die Gläser stehen hierbei 2/3 im Wasser.

Variante:

Anstatt Zucchini kann man auch Kürbis verwenden.

Blätterdruck

Material:

- Baumwolltasche, Beutel oder Tischläufer zum Bedrucken
- Textilfarbe
- Pinsel
- alter Teller zum Anrühren der Farbe
- Zeitungen
- alte Lappen und Küchenkrepp
- Bügeleisen
- gepresste oder frische glatte Blätter

Anleitung:

Baumwolltaschen oder Beutel müssen sauber gewaschen und glatt gebügelt sein. Unsere Arbeitsfläche wird mit Zeitungen ausgelegt. Auf einem alten Teller tragen wir die gewünschten Farben auf und mischen sie nach unseren Vorstellungen. Vorsicht beim Hantieren damit, denn die Stofffarben haften nicht nur gut auf den Baumwolltaschen, sondern auch auf unserer Kleidung.
Jetzt überlegen wir uns, welche Blätter wir verwenden wollen und wie wir sie auf der Tasche, dem Beutel oder dem Tischläufer anordnen möchten. Dann beginnen wir mit einem Pinsel auf der Unterseite eines Blattes – dort, wo die Adern hervortreten – die Farben aufzustreichen. Mit der Farbseite legen wir das Blatt auf

den Stoff, bedecken es mit Küchenkrepp und drücken es gleichmäßig auf. Wir fassen den Blattstiel an, um das Blatt mit einem Ruck abziehen zu können.
Nachdem die Farbe getrocknet ist, legen wir ein Stück Zeitungspapier oder Küchenkrepp darauf und bügeln den bedruckten Stoff sehr heiß von beiden Seiten. Dadurch wird die Farbe auf dem Stoff fixiert.

Rätsel

Kennst du einen Tisch,
den man gerne und ganz und gar aufisst?

Christel Dhom
(hcsithcaN)

Das Märchen vom Wind

Jüngst sah ich den Wind,
das himmlische Kind,
als ich träumend im Walde gelegen;
und hinter ihm schritt
mit trippelndem Tritt
sein Bruder, der Sommerregen.

In den Wipfeln, da ging's
nach rechts und nach links,
als wiegte der Wind sich im Bettchen;
und sein Brüderchen sang:
die Binke die Bank,
und schlüpfte von Blättchen zu Blättchen.

Weiß selbst nicht wie's kam,
gar zu wundersam,
es regnete, tropfte und rauschte,
dass ich, selber ein Kind
wie Regen und Wind,
das Spielen der beiden belauschte.

Dann wurde es Nacht;
und eh ich's gedacht,
waren fort, die das Märchen mir schufen.
Ihr Mütterlein
hatte sie fein
hinauf in den Himmel gerufen.

Arno Holz
(Aus: *Eins und Alles*)

Die Geschichte vom Birnenzwerg (Tischpuppenspiel)

Benötigte Figuren:
- Filzzwerg
- Fuchs
- Kuh
- Birnbaum mit Birnen
- Mond
- evtl. ein Dorf

Filzzwerg

Material:
- ungesponnene, naturfarbene, hellbraune, dunkelbraune, grüne und rote Schafwolle im Vlies mit Filzeigenschaft
- ungekämmte Schafwolle für den Bart
- flüssige Seife oder geraspelte Olivenölseife
- warmes Wasser
- altes Frottierhandtuch
- Essig
- alte Nylongardine oder Nylonfliegenschutzgitter
- Schwamm
- Knetbienenwachs
- 2 Pfeifenputzer
- Nähzeug

Anleitung:
Für die Kleidung des Zwerges fertigen wir Filzplatten von ca. 15 x 15 cm an, wie bei «Gefilzte Schäfchen» (siehe Seite 23 f.) beschrieben. Statt vier Wollschichten benutzen wir jetzt nur zwei, wobei eine Schicht in naturfarbener Wolle und eine in bunter Wolle sein soll. Wir brauchen eine rote Filzplatte für die Mütze, eine grüne für das Mäntelchen, eine dunkelbraune für die Hose und eine hellbraune für die Stiefel.
Um den Kopf herzustellen, formen wir aus

naturfarbener Wolle zunächst eine Kugel, die mit mehreren dünnen Wollschichten umwickelt allmählich zu einem Oval gestaltet wird. Dieses sollte anfangs ca. 6 cm breit und 5 cm hoch sein. Mit feuchten eingeseiften Fingern beginnen wir die Wolle vorsichtig zu reiben. Zwischen den Handflächen drücken und kullern wir behutsam die Wolle, bis sie sich verbunden hat und zusammenhält. Der Kopf dürfte inzwischen an Länge und Breite 1 cm geschrumpft sein. Nun wird der Filz in klarem Wasser ausgespült. Dem letzten Spülwasser fügen wir einen Schuss Essig bei.
Jetzt brauchen wir zwei Pfeifenputzer für Arme und Beine. Einen Pfeifenputzer kürzen wir an den Enden jeweils um einen Zentimeter, indem wir diese einfach umbiegen. Die Enden umhüllen wir mit einem Wollkreuz und wickeln dann in dünnen Schichten die Arme (siehe Zeichnung).
Den zweiten Pfeifenputzer knicken wir in der Mitte. Diese Stelle wird mit einem Fädchen an der Mitte der Arme festgebunden. Für die Füße

Kopf

umwickelte Arme

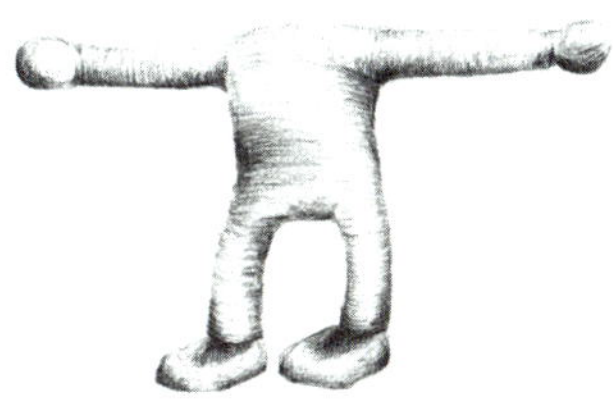

Körper

Schuh am Fuß befestigen

Arme und Beine

Beine mit gestaltetem Fuß

Schuh

Hose

Hose am Körper befestigen

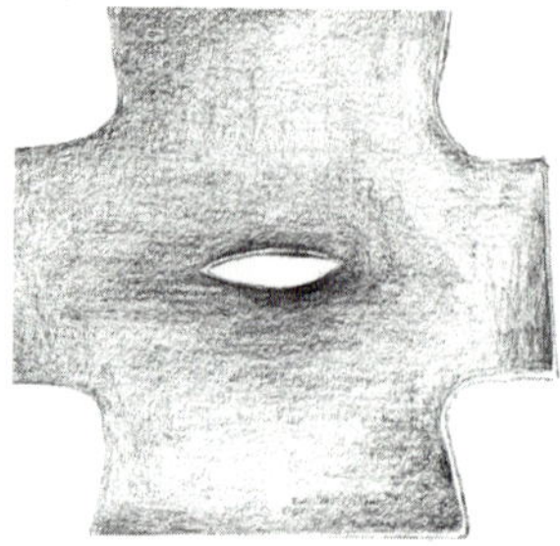

Pullover

Pullover am Körper befestigen

knicken wir 1,5 cm des Pfeifenputzers ab. Aus einem Vierteltäfelchen Knetbienenwachs formen wir ein Füßchen, das auf den Fußteil des Pfeifenputzers gedrückt wird (siehe Zeichnung). Dies geht recht leicht, wenn das Bienenwachs weich genug ist. Mit dünnen Wollsträhnen umwickeln wir oberhalb der Füße die Beine und den Körper, der sich aus dem oberen Teil der Beine ergibt.
Ist unser Kopf größer oder kleiner als hier angegeben, müssen Arme und Beine entsprechend verkürzt oder verlängert werden.

Als Nächstes fertigen wir die Kleidung des kleinen Zwerges. Wir beginnen mit den Stiefeln. Entsprechend unserer Schnittmuster und der Größe des jeweiligen Zwerges schneiden wir unseren Filz zurecht. Da jeder Zwerg in seiner Größe ein klein wenig anders ist, muss genau Maß genommen werden und es empfiehlt sich, zunächst ein Muster aus Papier anzufertigen. Die Nähte werden mit doppeltem Nähgarn im Festonstich geschlossen. Der Filz muss um den Fuß gelegt werden, da der Schuh nicht an- und ausgezogen werden kann. Genauso verfahren wir auch mit der Hose und dem Mäntelchen.
Bevor die Mütze genäht und mit winzigen Stichen am Kopf befestigt wird, werden Bart und Haare rund um das Gesicht festgenäht. Dafür benutzen wir ungekämmte Wolle, legen einzelne Strähnchen in der Mitte zusammen und nähen sie am Bruch fest.

Mit Stickgarn oder ungesponnener Wolle sticken wir zum Schluss zwei Augen und eine Nase.

Kuh

Material:

- naturfarbene gekämmte Schafwolle im Vlies
- ein Hauch braune gekämmte Schafwolle im Vlies
- 3 Pfeifenputzer
- Nähzeug

Anleitung:
Aus Pfeifenputzern biegen wir eine Kuhform: einen Pfeifenputzer für Kopf und Rumpf und je einen für zwei Beine. Wir beginnen mit naturfarbener Wolle hauchdünn den Pfeifenputzer am Maul zu umwickeln und dann den Kopf selbst. Als nächstes wickeln wir eine Schicht am Ende eines jeden Beines, biegen ca. 2 cm um, damit die Wolle nicht abrutschen kann, wickeln noch einmal darüber und gestalten danach das ganze Bein. Wir achten darauf, dass das Bein am Fuß dünner ist als am Schenkel, und gestalten die Hinterbeine dicker als die

Vorderbeine. Nun wickeln wir vom Kopf zum Hals und um den ganzen Körper der Kuh. Für die Ohren und den Schwanz fädeln wir ein dünnes Stückchen Wolle durch eine Stopfnadel und ziehen es an den entsprechenden Stellen durch Kopf und Körper der Kuh. Die Enden schneiden wir mit der Schere in Form und drehen sie zwischen den angefeuchteten Fingerspitzen. Für die Hörner ziehen wir einen braunen Faden durch den Kopf und verfahren ebenso.

Zum Schluss werden aus hauchdünner brauner Wolle «Flecken» auf die Kuh gelegt und festgedrückt.

Fuchs

Material:
- rotbraune gekämmte Schafwolle im Vlies
- 3 Pfeifenputzer

Anleitung:
Aus einem Pfeifenputzer biegen wir Kopf und Rumpf und aus zwei weiteren Pfeifenputzern, die um ein Drittel gekürzt wurden, jeweils zwei Beine (siehe Foto). Wir beginnen mit rotbrauner Wolle hauchdünn den Pfeifenputzer am Maul des Kopfes zu umwickeln und dann den Kopf selbst. Als nächstes wickeln wir eine Schicht am Ende eines jeden Beines, biegen 1 cm um, damit die Wolle nicht abrutschen kann, wickeln noch einmal darüber und arbeiten danach das ganze Bein. Wir achten darauf,

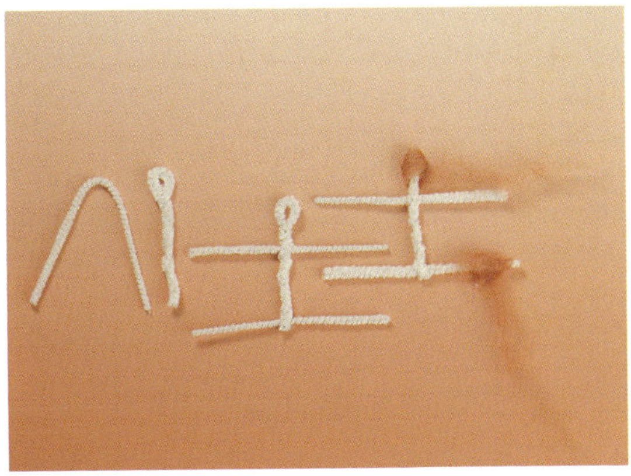

dass das Bein am Fuß dünner ist als am Schenkel und dass die Hinterbeine dicker als die Vorderbeine sind. Nun wickeln wir vom Kopf zum Hals und den ganzen Körper des Fuchses. Wir denken daran, dass der Fuchs einen kleinen Kopf, schlanke Beine und einen schlanken Körper hat. Seine Ohren sind klein und stehen spitz nach oben. Der Fuchs hat einen langen, buschigen Schwanz. Für die Ohren und den Schwanz fädeln wir ein dünnes Stückchen Wolle in eine Stopfnadel und ziehen es an den entsprechenden Stellen durch den Körper. Zum Schluss biegen wir das Ende der Beine für die Pfoten nach vorne.

Birnbaum

Material:

- grüne, rote und gelbe gekämmte Schafwolle im Vlies
- Holzscheibe, ca. 8 cm Durchmesser
- Knetwachs
- Bohrer
- ein Ästchen

Anleitung:

In die Holzscheibe bohren wir in die Mitte ein Loch. Da hinein stecken wir das Ästchen, das sich nach allen Seiten gut verzweigen sollte. Damit der Baum gut steht, stopfen wir das Loch mit Knetwachs aus.

Diesen Baum ohne Laub begrünen wir, indem wir ein Stück grüner Wolle zu einem großen Kreis auseinander zupfen. Der Kreis sollte möglichst keine Löcher haben. Diese blattgrüne Flocke stülpen wir über die Äste. Da Birnbäume im Herbst teilweise gelbe und rote Blätter bekommen, zupfen wir in diesen Farben kleine Kreise und verteilen sie auf dem Grün.

Birnen

Material:

- grüne, rote und gelbe gekämmte Schafwolle im Vlies mit Filzeigenschaft
- Stiele von Birnen oder braune Wolle
- flüssige Seife
- Nähzeug

Anleitung:

Wir formen mit grüner Wolle eine Eierform. Mit feuchten, seifigen Fingern reiben wir die Oberfläche und drücken die Form als Birne zurecht. Nach einer Weile umhüllen wir die grüne Birne mit einem Hauch rot oder gelb. Wir reiben solange weiter, bis sich die Wolle fest miteinander verbunden hat. Zum Schluss die Seife gut auswaschen und dem letzten Spülwasser einen Schuss Essig zugeben. Wenn die Wolle getrocknet ist, von einer richtigen Birne den Stiel in die Birne drücken und festnähen. Dies geht ganz gut, wenn man mit demselben Faden an der gegenüber liegenden Seite den Rest der Blüte näht.

Mond

Material:

- Märchenwollreste
- gesponnene Wolle
- flüssige Seife
- je eine Schüssel mit heißem und kaltem Wasser
- Schaumlöffel
- gelbe gekämmte Schafwolle im Vlies mit Filzeigenschaft

Anleitung:
Für einen gefilzten Mond können wir gut alle Märchenwollreste verwenden. Zunächst formen wir ein kleines Bällchen und wickeln es mit einem bereits gesponnenen Wollfaden fest, wie wenn man Wolle zum Knäuel wickelt. Nun das Bällchen sparsam mit flüssiger Seife einreiben und in den Handflächen eine ganze Weile wie einen Knödel rollen. Jetzt das Bällchen zuerst in heißes Wasser, dann mit einem Schaumlöffel in kaltes Wasser legen. Erneut umgeben wir das Bällchen mit Wolle, reiben es sparsam mit Seife ein, rollen wieder eine Weile und legen es erst in heißes und dann in kaltes Wasser. Diesen Vorgang wiederholen wir, bis der Mond den gewünschten Durchmesser (10 – 12 cm) erreicht hat, die Wolle gut miteinander verbunden und gefilzt ist. Die letzte Wollschicht legen wir aus gelber Schafwolle besonders sorgfältig an, damit unser Mond schön aussieht. Der Mond muss jetzt sehr lange trocknen, bevor er zum Spielen verwendet werden kann.

Bühnenaufbau

Als Bühne eignet sich ein Tisch oder eine Holzplatte von ca. 1,50 m Länge und 50 – 60 cm Breite. Mit grünen Tüchern gestalten wir Moos und Wiese. Vom Zuschauer aus gesehen liegt auf der linken Seite eine große Wurzel und auf der rechten steht ein Birnbaum. Der Zwerg steht in seiner Wurzelhöhle, die mit Bett, Ofen, Tisch und Stühlen ausgestattet sein kann, aber nicht unbedingt sein muss. Neben der Höhle könnten ein paar Gartenwerkzeuge stehen (sind in gut sortierten Bastel- oder Spielwarengeschäften erhältlich). Im Moos ist der Fuchs versteckt, auf der Wiese, die mit einem einfachen Zaun umgeben ist, stehen eine Kuh und eine Milchkanne. Möglicherweise deutet man das Dorf auf der rechten Seite mit kleinen Holzhäuschen an.
Der Hintergrund wird mit grünen Tüchern und wenigen Bäumen gestaltet.

Die Geschichte vom Birnenzwerg

Vor langer Zeit lebte unter einer stattlichen Tanne ein kleiner Zwerg. Ganz alleine bewohnte er seine Wurzelhöhle am Waldesrand. Recht gemütlich hatte er sich darin eingerichtet. Des Sommers pflegte er die Pflanzen in seiner Nähe und ernährte sich von süßen Beeren und Kräutern. An jedem Tag war er mit seinem Leiterwagen unterwegs. Für den Winter musste der Zwerg Vorräte sammeln. Eines Morgens wehte ihm der Wind ein gelbes Blatt vor seinen Eingang. «Oh, es wird Herbst», sagte der Zwerg vor sich hin. «Ich muss zum Dorf, um mir Birnen für meinen Wintervorrat zu holen.»

Am nächsten Tag, ganz in der Früh, nahm er seinen Korb auf den Rücken und machte sich auf den Weg zum Dorf. Als er eine Weile durch das weiche Moos gelaufen war, da knackte es plötzlich im Gebüsch. «Was ist das?», fragte sich der Wurzelzwerg. Nicht weit von ihm stand ein Fuchs mit glühenden Augen. Hoppladihopp, schnell wie der Wind, eilte der Zwerg seiner Höhle zu. Sein Herz pochte bis zum Halse. Das war gerade noch mal gut gegangen.

Am folgenden Morgen nahm er wieder seinen Korb auf den Rücken und machte sich erneut auf den Weg zum Dorf. Er lief eine Weile durch das weiche Moos und war sehr froh, dem Fuchs nicht zu begegnen. Doch was hörte er da? Erschrocken blieb der Zwerg stehen. Auf der Wiese weidete eine große dicke Kuh. Eigentlich sind Kühe recht harmlos, aber der Wurzelzwerg fürchtete sich vor dem lauten «Muh». Hoppladihopp, schnell wie der Wind, eilte er seiner Wurzelhöhle zu. Er musste sich hinlegen und ausruhen, weil sein Herz so laut pochte.

Spielanleitung

Der Zwerg steht in seiner Wurzelhöhle und wird mit der rechten Hand ein paar Schritte hin und her bewegt. Vor der Höhle «bückt» er sich nach vorne, um ein paar Beeren zu pflücken und in seinen kleinen Korb zu legen.

Ein kleines gelbes Laubblatt von oben vor die Höhle fallen lassen.

Der Zwerg wird in sein Bett gelegt, die Bühnenbeleuchtung ganz zurückgenommen und auf einer Harfe ein Schlaflied gespielt. Danach geht das Licht langsam wieder an.

Nun wird der Zwerg wieder aus seinem Bett genommen und die Kiepe auf seinen Rücken gestreift. Die rechte Hand führt den Zwerg über das Moos. Hinter der Bühne bricht ein Helfer, vielleicht ein größeres Kind, einen trockenen Zweig durch. Etwas ruckartig wird der Zwerg in seiner Bewegung angehalten. Die linke Hand führt den Fuchs auf den Zwerg zu. Mit hüpfenden kleinen Sprüngen wird der Zwerg zu seiner Höhle geführt. Die linke Hand bringt den Fuchs langsam hinter die Bühne.
Der Zwerg wird in sein Bett gelegt, nachdem die Kiepe wieder vom Rücken gestreift wurde, und die Bühnenbeleuchtung zurückgenommen (siehe oben).

Erneut wird der Zwerg aus seinem Bett genommen und die Kiepe auf seinen Rücken gestreift. Die rechte Hand führt den Zwerg über das Moos bis hin zur Wiese. Die linke Hand umfasst die Kuh und bewegt sie ein wenig. Ruckartig bleibt der Zwerg stehen und wird mit der linken Hand in kleinen Sprüngen zu seiner Wurzel geführt. Die Kiepe wird vom Rücken des Zwerges gestreift und er wird in sein Bettchen gelegt. Die Bühnenbeleuchtung wird zurückgenommen (siehe oben). Während der Zwerg schläft, wird die Kuh hinter die Bühne geführt.

Am anderen Tag wollte der Wurzelzwerg es ein letztes Mal versuchen. Er griff den Korb, um dann den Weg zum Dorf anzutreten. Von weitem hörte er schon die Kirchenglocken läuten. «Aha», sagte er sich erleichtert, «heute ist Sonntag, da sind alle Kühe im Stall.» Und tatsächlich, als er an der Weide vorbeikam, war weit und breit keine Kuh zu hören und zu sehen. Nur die leere Milchkanne stand noch da. Der Zwerg kam glücklich beim Birnbaum im Dorf an.

Zum letzten Mal wird der Zwerg aus seinem Bett genommen und die Kiepe auf seinen Rücken gesetzt. Die rechte Hand führt den Zwerg über das Moos zur Wiese hin. Auf dem Glockenspiel sind die Töne «A – G» im Wechsel als Kirchengeläut zu hören. Dies kann die linke Hand erledigen. Der Zwerg wird zum Birnbaum geführt.

Aber welch ein Ärger, alle Birnen waren oben und der Zwerg stand unten. Wie sollte er nur auf diesen großen Baum kommen? Der Wind hörte sein Klagelied und kam zu Hilfe. Er wehte solange, bis eine der schönsten Birnen geradewegs in die Arme des Zwerges fiel. Wie freute er sich! «Danke, lieber Wind, danke!», jubelte er und hüpfte einmal um den Birnbaum herum.

Dem Zwerg den Korb von den Schultern nehmen und ihn zum Baum hoch schauen lassen. Der Spielleiter pustet auf den Birnbaum und die linke Hand nimmt eine Birne von dem Baum und legt sie in die Arme des Zwerges. Mit der Birne im Arm den Zwerg einmal hüpfend um den Baum herum führen.

Dann nahm er seinen Korb, legte behutsam die Birne hinein und machte sich auf den Heimweg. Zu Hause zündete er das Feuer in seinem Ofen an, stellte den Topf darauf und kochte gutes, süßes Birnenmus. Wie das duftete! Am Abend, als er alles Mus in Gläser gefüllt und sich so richtig satt gegessen hatte, legte er sich müde und zufrieden in sein Bett. Der Mond schaute zum Fenster herein und sang ihm ein Lied zur guten Nacht. «Schlaf schön, du kleiner Birnenzwerg», sagte er ihm zum Abschied.

Die Birne in den Korb stecken und den Korb auf den Rücken des Zwerges setzen. Die linke Hand führt ihn bis zur Wurzel. Der Korb wird wieder abgesetzt. Der Zwerg steht vor dem Ofen, und seine Hände werden geschäftig auf und ab bewegt. Bei «Wie das duftet» atmet der Spielleiter laut und genüsslich ein.

Die Bühnenbeleuchtung wird abgedunkelt und der Zwerg in sein Bett gelegt. Mit der linken Hand wird der Mond hochgehalten und leise das Lied «Guten Abend, gute Nacht» gesungen, bevor der Mond «Schlaf schön, du kleiner Birnenzwerg» sagt.

(Frei nach einem unbekannten Verfasser nacherzählt.)

Birnenmus

Zutaten:
- 5 kg vollreife, weiche Birnen
- 5 TL Zimt

Zubereitung:
Die Birnen waschen, schälen, vierteln und das Kerngehäuse entfernen. Dann Birnen klein schneiden und in einen großen Topf geben. Die klein geschnittenen Birnen fein pürieren, Zimt dazugeben und im Backofen bei 150° C ca. 5 – 7 Stunden zu Mus kochen. Zwischendurch mit einem Holzlöffel gut durchrühren.
Das heiße Mus in gesäuberte Gläser mit Schraubdeckel füllen und diese dann fest verschließen.

Birnen mit Mascarponecreme und Brombeersoße

Zutaten (für 6 Personen):
- 3 frische Birnen oder eine Dose gekochte Birnen
- 125 g Mascarpone
- 125 ml Schlagsahne
- 250 g Brombeeren
- 100 g Zucker oder Honig
- Saft einer halben Zitrone
- frische Brombeer- und Minzeblätter

Zubereitung:
Die Birnen schälen, halbieren, vom Kerngehäuse befreien und bedeckt mit Zuckerwasser (1/4 l Wasser, 2 EL Zucker) in einem Topf garen.
Mascarpone, Schlagsahne und 1 EL Zucker mit einem Rührgerät zu einer Creme schlagen.
200 g Brombeeren und restlichen Zucker (Zucker- oder Honigmenge ist abhängig von der Fruchtsüße der Brombeeren und muss entsprechend variiert werden) pürieren und durch ein grobes Sieb passieren, sodass die kleinen Kerne zurückbehalten werden. Den Saft einer halben Zitrone dazugeben.
Auf einem Teller die Brombeersoße verteilen, darauf eine Birnenhälfte setzen, diese mit Mascarponecreme füllen. Das Ganze mit frischen Brombeeren und Minzeblättern garnieren.

Septembermorgen

Im Nebel ruhet noch die Welt,
Noch träumen Wald und Wiesen:
Bald siehst du, wenn der Schleier fällt,
Den blauen Himmel unverstellt,
Herbstkräftig die gedämpfte Welt
In warmem Golde fließen.

Eduard Mörike
(Aus: *Eins und Alles*)

Rätsel

Man sieht ihn nicht,
man hört ihn nur.
Man riecht ihn nicht,
man spürt ihn nur.
Hat Hände nicht,
schafft manchmal eine Spur.
Hat Beine nicht,
zertritt doch Wald und Flur.
Nun rate du geschwind,
wie heißt das Himmelskind?

Christel Dhom
(mrutS)

Nusspralinenkuchen

Zutaten:
- 250 g Butter
- 100 g brauner Zucker
- 6 Eier
- 100 g Dinkelschrot
- 1 Päckchen Bourbonvanillepuddingpulver
- 1 TL Weinsteinbackpulver
- 6 EL Wasser, Fruchtsaft oder Cognac
- 200 g Zartbitterschokolade
- 250 g Haselnüsse (oder Walnüsse)

Für den Guss:
- 100 g Zartbitterschokolade
- 1/2 Würfel oder 1 EL Kokosfett
- zum Dekorieren Schokoladenblätter

Zubereitung:
Weiche Butter, Zucker und Eier schaumig rühren. Mehl, Puddingpulver und Backpulver miteinander vermischen, unterziehen und Flüssigkeit dazugeben. Schokolade und Nüsse grob hacken und unterheben.
Den Teig in eine mit Backpapier ausgelegte Springform füllen und 60 – 70 Minuten bei 175 ° C auf mittlerer Schiene backen. Den Kuchen abkühlen lassen.
Kokosfett in einem Topf bei sehr schwacher Hitze schmelzen, dann die Schokolade hinzufügen und solange rühren, bis sie sich ganz aufgelöst hat. Mit einem Kuchenpinsel den Kuchen damit bestreichen und mit den Schokoladenblättern dekorieren.

Da es sich um einen Pralinenkuchen handelt, werden nur kleine Stücke geschnitten! Man kann deshalb den Teig anstatt in einer großen Springform auch in zwei kleinen Formen backen. Auf eine Tortenspitze gelegt und mit Zellophanpapier verpackt ist ein solch kleiner Pralinenkuchen auch ein beliebtes Geschenk für Naschkatzen.

Rätsel

Hab Zähne gar viel
und kann doch nicht beißen.
Ihr kennt mich alle,
sagt, wie mag ich wohl heißen?

(mmaK)

Der Sommer zieht von hinnen

Melodie: L. Henning

Der Herbst mit bunten Streifen zum Erntefest uns drängt.
Er lässt nun alles reifen, was an den Bäumen hängt.

Die Äpfel, Birnen, Pflaumen, die Trauben groß und klein,
in uns'ren schönen Körben, da tragen wir sie heim.

Michaeli

Seit dem 9. Jahrhundert ist am 29. September Michaelstag zum Gedenken an den Erzengel Michael. In Legenden und Geschichten wird sein Vertreter auf Erden als Ritter Georg verkörpert, der sich im Kampf gegen einen Drachen bewährt.

Zahlreiche Gemälde zeigen Erzengel Michael mit einem Eisenschwert im Kampf gegen einen Drachen (siehe hierzu die *Apokalypse des Johannes* / Offenbarung, Kapitel 12). Dieser Drachenkampf symbolisiert letztendlich den Kampf in uns. Michael will die Mutkräfte in uns stärken, damit wir wach werden, niederziehende Kräfte zu erkennen. Wir brauchen Mut, damit wir uns mit den Widersachermächten auseinandersetzen und sie in ihre Schranken weisen. Mut heißt, etwas zu tun, was wir uns bisher noch nicht trauten, also Neuland zu betreten.

Andere Künstler stellen Michael mit einer Waage dar. Leben und Tod in der Natur, Tag und Nacht, Licht und Finsternis halten sich im Herbst die Waage. Für uns Menschen weist Michael hin auf die Ausgewogenheit in unserem Innern und in der äußeren Welt. Wir können uns anregen lassen, über die Bedeutung von Materiellem und Geistigem in unserem Leben und Alltag nachzudenken. Gibt es da Dinge, die nicht im Gleichgewicht sind? Möglicherweise erleben wir die Michaelizeit als eine Chance, uns mit der Natur und der geistigen Welt (neu) zu verbinden.

Ein Michaelsfest als Jahresfest zur Ergänzung von Ostern wurde von Rudolf Steiner, dem Begründer der Waldorfschulen, angeregt. Ostern feiern wir im Frühling, wenn die Natur erwacht und es die Menschen nach draußen

Raffael, Hl. Georg im Kampf mit dem Drachen

zieht, Michaeli im Herbst, wenn die Kräfte sich wieder zusammenziehen, wir lieber im Haus als in der oft nasskalten Natur verweilen. Während es für Ostern viel durchaus auch lieb gewonnenes Brauchtum gibt, ist Michaeli als Festtag wenig bekannt. Es sind kaum Traditionen für die Festgestaltung vorhanden. Sie müssen also gefunden werden und zum Hintergrund einen Bezug haben.

In Gottes Namen fahren wir

Weise: Alois Künstler (1905 -1991) Satz: Peter-Michael Riehm (*1947) Text: Speierische Chronik zum Jahr 1457

Oh unbesiegter Gottesheld

alte Weise von 1623
Oberstimme: Julia Müller-Gensichen

Vom Drachenkampf

Vor langer, langer Zeit, als es noch Könige und Königinnen gab, trug es sich einmal zu, dass ein böser Drache sein Unwesen trieb. Im ganzen Land raubte er das Vieh von den Weiden, setzte Felder in Brand und sorgte für Angst und Schrecken unter den Menschen. Diese versteckten sich in ihren Häusern, verschlossen alle Fenster und verriegelten die Türen. Wo immer der Drache auftauchte, hinterließ er ein Bild der Verwüstung.

Eines Tages, es war an einem herrlichen Spätsommertag, drang der Drache sogar in das Schloss des Königs ein. Feuer speiend zog er durch die breiten Korridore. Rauch stieg aus seinen Nasenlöchern, seine Augen glühten, Rücken und Schwanz waren gezackt wie gefährliche Zähne und sein Gebrüll ließ jeden erstarren, der es hörte. Des Königs Wachmänner konnten nichts, aber auch gar nichts gegen ihn ausrichten. Ihre Waffen versagten völlig vor dem Ungeheuer. – Zielstrebig bewegte sich der Drache auf das Gemach der Königstochter zu und nahm sie mit in seine finstere Drachenhöhle.

Der König und die Königin waren untröstlich. Drei Tage und drei Nächte weinten sie um ihr einziges geliebtes Kind. Im ganzen Lande breitete sich Entsetzen über diese grausame Tat aus. Dann kamen aber mutige Männer und sogar Königssöhne aus anderen Ländern. Sie wollten gegen den Drachen kämpfen, um die Königstochter zu befreien. Auf stolzen Pferden mit prächtigem Schmuck ritten sie der Höhle zu. Der König und mit ihm das Volk in seinem Reich wiegten sich in guter Hoffnung, die Prinzessin bald gesund wieder zu sehen. Sie warteten Tag um Tag und von Woche zu Woche, doch keiner der Ritter kehrte je wieder aus der Drachenhöhle zurück.

Als niemand mehr einen Rat wusste und die Hoffnung gänzlich versiegt war, kam ein junger Ritter in glänzender Rüstung mit Namen Georg. Er war ein Streiter Gottes und wollte mit seinem blitzenden Schwert gegen den Drachen kämpfen. Aber keiner glaubte mehr so recht, dass Georg dies gelingen würde. Zu viele hatten es schon versucht und waren nie mehr zurückgekommen.

Am nächsten Morgen, gleich nach Sonnenaufgang, machte sich Georg auf den Weg. Er sattelte sein Pferd, schnürte sein Schwert fest um und ritt ganz allein der Drachenhöhle entgegen. Unterwegs kam er an einem Apfelbaum vorbei. Da rastete er, um eine Frucht zu pflücken, die so viele Sommersonnenkräfte gesammelt hatte. Der Apfel vermochte seinen Durst zu löschen und seinen Hunger zu stillen. Gekräftigt setzte Georg seinen Weg fort.

Gerade als die Sonne am höchsten am Himmel stand, kam er an der Drachenwohnung an. Schon von weitem hörte er das wutentbrannte Brüllen. Es wurde ein langer und schwerer Kampf, doch zuletzt gelang es Georg, den gefürchteten Drachen zu besiegen und ihm seine große Macht endgültig zu nehmen. Er kehrte mit der unversehrten Prinzessin zurück. Der König und die Königin waren über die Maßen glücklich, ihre Tochter ganz gesund wieder in den Armen halten zu können. Schnell verbreitete sich die gute Nachricht im ganzen Land. Überall dankten die Menschen dem Ritter Georg für seinen Mut und seine Stärke. Viele wollten von nun an auch Streiter Gottes werden. Zur Erinnerung an Ritter Georg und den Erzengel Michael wurde nun jedes Jahr im Herbst am Michaelstag ein Fest zu deren Ehren gefeiert.

Michaelslied

Das Herz wird wach, der Tag wird hell,
wir grüßen dich, Sankt Michael!
Dein Zeichen ist der Sieg!

Am neuen Tag gib neue Kraft,
die Gutes in die Erde schafft,
und allem Bösen Krieg!

Du Gotteskämpfer stark und schnell,
du Schwertesengel Michael!
Gib uns den Sieg!

Heinz Ritter
(Aus: *Eins und Alles*)

Michaelsfest

Während ein Johannifest noch geprägt ist von der Geste des Ausatmens, vom Aus-sich-Herausgehen, ist für Michaeli das Einatmen, das Zu-sich-Kommen, vorherrschend. Deshalb empfiehlt es sich, dieses Fest, selbst bei schönem Wetter, weitgehend im Haus zu feiern.
Neben Geschichten um den Ritter Georg, denen wir zuhören, ermöglicht ein Ritterspiel den Kindern in einzelne Rollen zu schlüpfen, um sich mit den jeweiligen Figuren zu identifizieren. Dabei ist es wichtig, dass die Rollen immer wieder in wechselnden Besetzungen gespielt werden. Es nährt die kindliche Seele, sich einmal als Ritter Georg zu bewähren und ein anderes Mal sich als Drache besiegen zu lassen.
Gleichgewichts- und Mutspiele sollten bei keinem Michaelsfest fehlen. Wird ein Michaelsfest in einer Einrichtung oder im Freundeskreis einer Familie zu einer Tradition, kann es ein heimlicher Anreiz für die Kinder werden, dass sie über das Jahr hin ihre Mutkräfte erproben und entwickeln, um sie dann jedes Jahr aufs Neue am Michaelsfest durch mutvolles Ergreifen der Aufgaben aufleuchten zu lassen.
Was wäre ein Fest ohne Essen und Trinken? Auch hier ist Einmaliges und Sinnvolles in Bezug zum Hintergrund gefragt. Es bieten sich für Michaeli Getränke aus eisenhaltigen Säften und gebackene Drachen oder Schwerter an.

Kleines Ritterspiel

Dieses Spiel ist sowohl für eine Kindergartengruppe als auch für eine 1. oder 2. Klasse. geeignet

Verkleidung

König:	*Krone aus Goldkarton, roter Umhang*
Königstochter:	*Märchenwolleblumenkrone mit rosa Tuch*
Drache:	*Drachenkopf aus Pappe oder Papier, grüne oder rote Kleidung*
Ritter:	*Helm und Rüstung aus Silberkarton, Schild und Schwert aus Holz*
Höhle:	*2 – 4 Kinder braun gekleidet oder mit braunen Tüchern um die Schultern gehängt*
Schloss:	*2 – 4 Kinder gelb gekleidet oder mit gelben Tüchern um die Schultern gehängt*

Zu Beginn des Spiels

Drei braun gekleidete Kinder bilden als Höhle einen Kreis. Der Drache steht zunächst in der Mitte. Drei gelb gekleidete Kinder bilden einen Kreis, in dessen Mitte sich der König und die Prinzessin befinden. Höhle und Schloss liegen im Raum mit einem gewissen Abstand gegenüber. Alle anderen Kinder sind die Menschen im Land, die einen lockeren Kreis um die Höhle und das Schloss bilden. Der Rittersmann steht bei ihnen oder etwas abseits.

Text	Spielanleitung
Ritter Georg Ein böser Drache hauste einst im Land, setzte Wiesen, Feld und Wald in Brand und drang sogar ins Schloss des Königs ein, sprach: «Die Prinzessin ist jetzt mein!»	*Der Drache läuft zischend und fauchend einmal im Kreis herum. Dann nimmt er die Prinzessin an der Hand und führt sie vom Schloss zur Höhle.*
Der Drache hält sie in seiner Höhle gefangen, den Menschen im Land bleibt nur Hoffen und Bangen. Der König weinte drei Tage und Nächte im Gram, bis ein tapferer Rittersmann kam.	*Die Menschen im Land heben wehklagend die Hände in die Höhe, der König reibt sich weinend die Augen. Der Ritter tritt in den Kreis.*
In prächtiger Rüstung und mit blankem Schwert kam er geritten auf seinem Pferd. «Ich will mit dem Drachentier kämpfen, seine Macht und Begierde dämpfen.»	*Im Hopserlauf «reitet» der Ritter im Kreis herum, bleibt stehen und sagt: «Ich will mit dem Drachentier kämpfen, seine Macht und Begierde dämpfen.» Wenn möglich spricht der Ritter allein, ansonsten wird er von den anderen Kindern unterstützt.*
Der Ritter galoppierte der Höhle zu und besiegte den garstigen Drachen im Nu. Er brachte zum Schloss zurück geschwind das schöne, zarte Königskind.	*Mit dem Schwert berührt der Ritter den Drachen, der sich fauchend vor der Höhle dem Ritter entgegenstellt, aber bald auf den Boden sinkt. Der Ritter nimmt die Prinzessin bei der Hand und führt sie zum Schloss.*
Der König und mit ihm die Menschen im Land nahmen sich alle bei der Hand. Sie tanzten auf das Lied der Leier bei der schönen Hochzeitsfeier.	*Alle Menschen im Land, der König und die Kinder, die das Schloss und die Höhle bildeten, fassen sich an den Händen zu einem Kreis. Während sie sich hüpfend oder laufend in eine Kreisrichtung bewegen, tanzen der Ritter und die Prinzessin alleine in der Mitte zu einer selbst gewählten Melodie der pentatonischen Harfe in die andere Richtung.*

Drachenmaske

Material:

- eine feste Packpapiertüte, ca. 33 x 26 cm, mit Faltboden und Faltseite
- zwei Bogen (50 x 70cm) grüner Fotokarton
- je ein Bogen rotes, braunes und hellgraues Tonpapier
- 30 cm Gummiband, ca. 1,5 – 2 cm breit
- zwei Sicherheitsnadeln
- dünnes, grünes Baumwolltuch, ca. 90 x 90 cm
- schwarze Wachsmalkreide
- Klebstoff, Schere, Nadel und Faden

Anleitung:

An der Packpapiertüte entfernen wir zuerst die Tragegriffe. Dann legen wir sie auf einen Bogen grünen Fotokarton, um Maß zu nehmen.

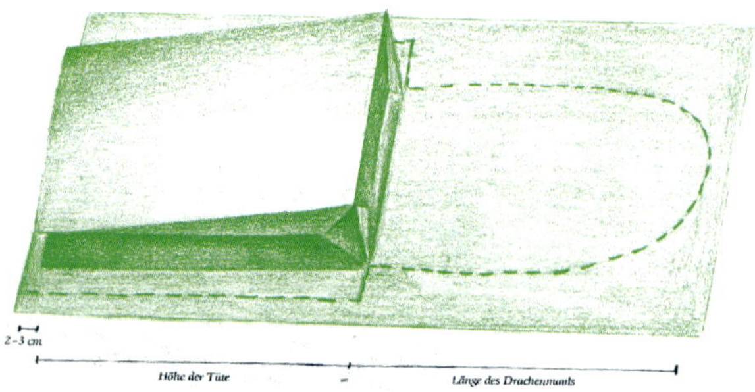

Der Fotokarton soll ca. 2 –3 cm am oberen Rand der Tüte eingeschlagen werden, um diesen zu verstärken. Ebenso soll er die schmalen, eingeschlagenen Seiten der Tüte rechts und links zur Hälfte bedecken. Das Maul des Drachens ragt ungefähr um die Höhe der Tüte über deren Boden hinaus. Wir fertigen mit einem Bogen grünem Fotokarton eine Schablone für die Vorderseite und mit dem anderen eine Schablone für die Rückseite der Tüte an. Ist sie damit beklebt, kann man bis auf den Tütenboden nur noch den grünen Fotokarton sehen. Dieser verschwindet dann auch noch, wenn wir das Maul innen mit braunem Tonpapier ausschlagen.

Ähnlich unserer Vorlage zeichnen wir uns Zähne für den Unterkiefer und den Oberkiefer auf hellgraues Tonpapier (siehe Zeichnung auf Seite 93). Die untere Kante biegen wir jeweils um und schneiden kleine Kerben hinein, so-

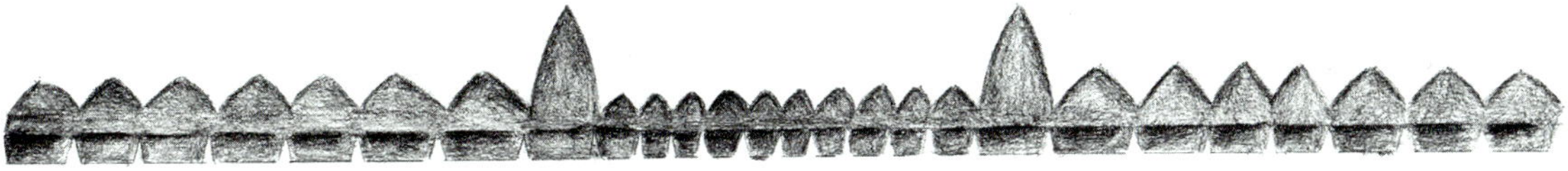

dass wir sie gut im Bogen kleben können. Aus rotem Tonpapier schneiden wir eine lange dünne Zunge. Diese wird einmal ganz hinten im Rachen und einmal in der Mitte des Unterkiefers aufgeklebt. Dazwischen ist sie nach oben gelegt und hält so den Oberkiefer offen. Die Spitze der Zunge hängt zwischen den Zähnen zum Maul heraus.

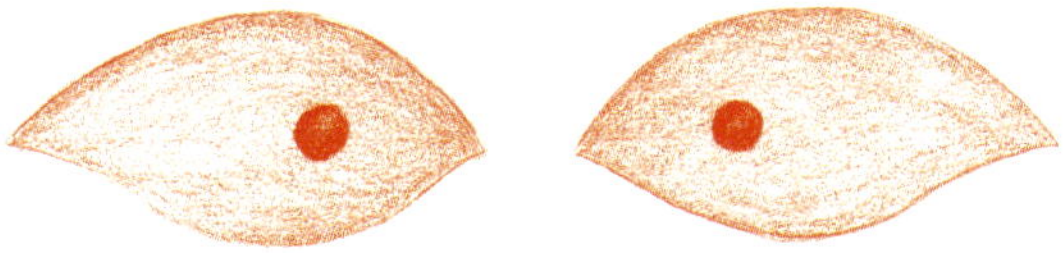

Auch die Augen werden aus rotem Tonpapier gefertigt. Nachdem sie an der Drachenmaske festgeklebt wurden, werden mit einer spitzen Schere zwei Pupillen heraus geschnitten, damit das Kind, das die Maske trägt, auch etwas sehen kann. Für die Augenlider schneiden wir aus grünem Tonpapier zwei Rechtecke, ca. 12 x 8 cm aus, zerknüllen sie, streifen sie wieder glatt und übermalen sie mit schwarzer Wachsmalkreide. Die Nasenlöcher werden ebenso aus 5 x 3 cm großen Tonpapierrechtecken hergestellt.
Bevor wir Augenlider und Nasenlöcher an den entsprechenden Stellen aufkleben, übermalen wir die ganze Drachenmaske mit schwarzer Wachsmalkreide. Je dunkler die Maske und je spitzer die Zähne gearbeitet werden, desto gruseliger erscheint der Drache. Deshalb sollte bei der Gestaltung immer auch das Alter der Kinder berücksichtigt werden.
Damit die Maske gut auf dem Kopf des Kindes hält, schneiden wir mit einer Schere kleine Ritzen in die Seiten der Maske, ziehen ein Gummiband durch und fixieren es jeweils mit einer Sicherheitsnadel. Durch die Sicherheitsnadel haben wir die Möglichkeit, das Gummiband bei wechselnden Trägern entsprechend weit oder eng zu stellen.
Zum Schluss ziehen wir mit einer Nadel einen doppelten Faden durch eine Seite des Baumwolltuches. Wir kräuseln es so eng, dass es noch den oberen Teil der Maske umschließt. Nun kleben wir es in den Tütenumschlag. Das Tuch bedeckt den Hinterkopf und den Rücken des Kindes.

Ritterhelm

Material:

- 1 Bogen silberfarbener Fotokarton
- Schere, Bleistift, Lineal
- Lochzange
- 2 Musterklammern

Anleitung:

Aus dem Silberkarton schneiden wir ein 48 x 45 cm großes Stück, klappen die beiden Längsseiten aufeinander, sodass in der Mitte ein Falz entsteht (Zeichnung 1 und 2). Am Falz werden 1 cm vom rechten bzw. linken Rand entfernt, kleine Markierungen angebracht und dann immer im Abstand von zwei Zentimetern am Falz entlang (Zeichnung 3). Drei und vier Zentimeter unterhalb des Falzes werden Markierungen von einem Rand zum anderen im Abstand von je vier Zentimetern aufgezeichnet (Zeichnung 4). Dann wird vier Zentimeter vom Falz entfernt mit Hilfe eines Lineals und einer Scherenspitze eine Einkerbung über die ganz Kartonlänge gezogen. Das gleiche wird auf der anderen Seite gemacht (Zeichnung 5).

Ganz unten an der offenen Seite des zusammengeklappten Kartons sind die Markierungen genau wie am Falz selbst anzubringen, nämlich am Rand jeweils 1 Zentimeter und dazwischen im Abstand von 2 Zentimetern. Nun werden die Punkte vom Falz bis zur ersten Markierungslinie und von der zweiten zur unteren Markierungslinie mit einem Lineal verbunden. Die entstandenen Kerben werden ausgeschnitten (Zeichnung 6).

Als Nächstes werden die oberen Zacken bis zur eingeritzten Linie zusammengeklebt und die unteren im Abstand von 1,5 cm vom Rand mit einer Lochzange gelocht.

Nun beginnt man an einer Seite die Zacken Loch über Loch fächerartig übereinander zu legen und mit einer Musterklammer zu befestigen. Parallel dazu arbeiten wir auf der anderen Seite des Ritterhelms, d.h., wenn auf der linken Seite der erste Zacken oben liegt, sollte dies auf der rechten Seite auch so sein (Zeichnung 7).

Für das Visier vergrößern wir unsere Vorlage, übertragen sie auf den Silberkarton und schneiden sie aus. Den äußeren Rand versehen wir jeweils mit einem Loch (Zeichnung 8). An der Stelle, an der der Helm durch die Musterklammern zusammengehalten wird, befestigen wir mit denselben Klammern auch das Visier (Zeichnung 9).

Aus den Kartonresten können möglicherweise noch kleine Manschetten für den Ritter hergestellt werden. Sie werden einfach ausgeschnitten, mit Klebestreifen zusammengehalten und über das Handgelenk geschoben.

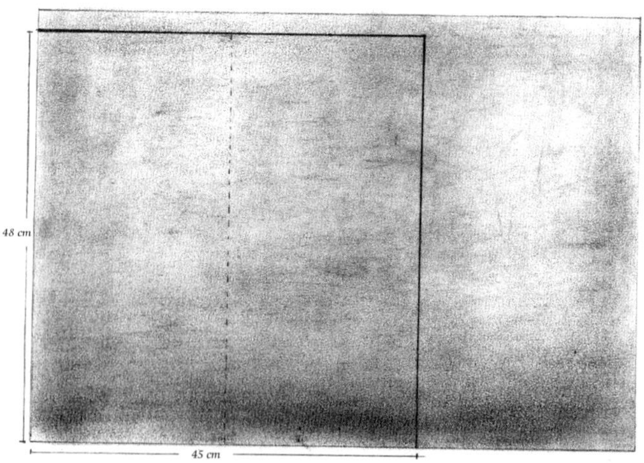

1.

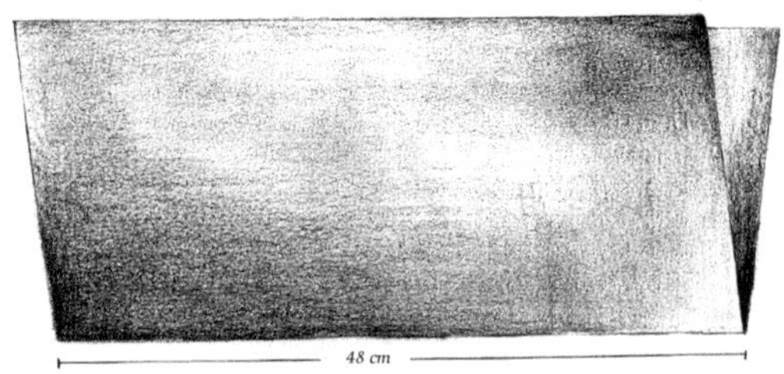

2.

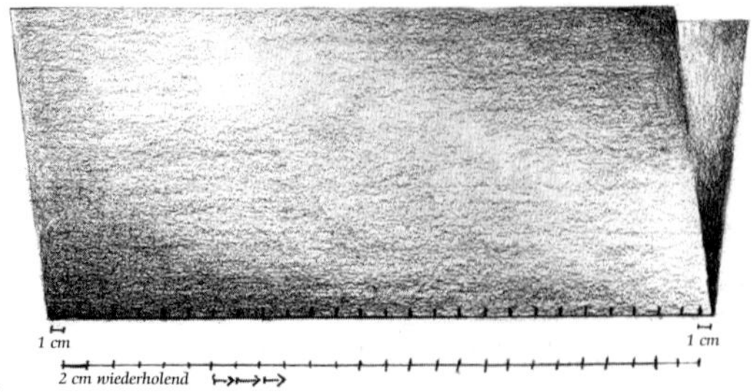

3.

wiederholend
2. Markierungslinie
1. Markierungslinie
4 cm
3 cm

4.

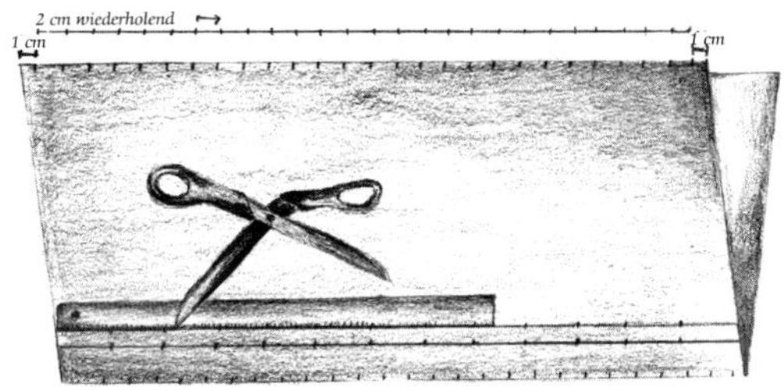
2 cm wiederholend
1 cm
1 cm

5.

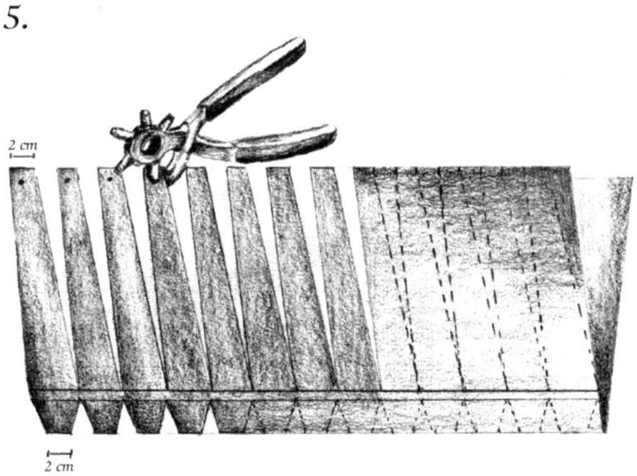
2 cm
2 cm

6.

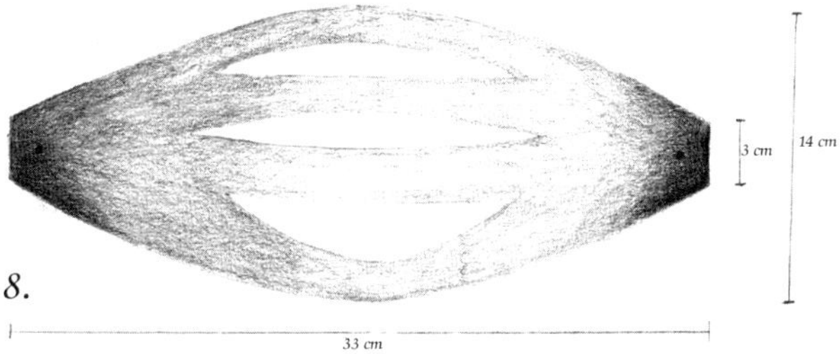
3 cm
14 cm
33 cm

8.

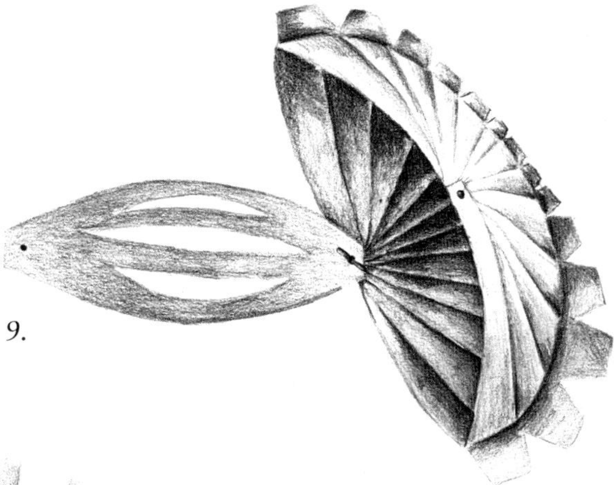

9.

7.

Ritterschild und Schwert

Material:

- Sperrholzplatte 38 x 40 cm
- Rundholz, ca. 20 mm Durchmesser, 10 cm lang
- Rechteckleiste, ca. 20 x 8 mm, 27 cm lang
- Laubsäge oder Stichsäge
- Holzlasur oder Holzfarbstifte
- Holzkleber
- feines Schleifpapier

Anleitung:

Entsprechend unserer Vorlage fertigen wir eine Papierschablone an, die wir auf das Sperrholz übertragen. Mit einer Laub- oder Stichsäge sägen wir dann den Schild und das Schwert aus. Das Rundholz spannen wir in einem Schraubstock fest und teilen es mit einer Säge der Länge nach in zwei Hälften, schrägen die Enden ab und kleben sie auf den Griff des Schwertes. Alle Kanten, besonders am Griff des Schwertes, schleifen wir mit feinem Schleifpapier nach.

Von der Rechteckleiste sägen wir 6 Stückchen 2 cm lang ab und kleben sie mit dem 15 cm langen Rest zu einem Steg zusammen, den wir als Haltegriff auf die Rückseite des Schildes mit Holzkleber befestigen. Mit Holzlasur oder Holzmalstiften malen wir einen Drachen oder ein Kreuz auf das Schild.

Vorlage für Schwert und Schild auf 50 % verkleinert.

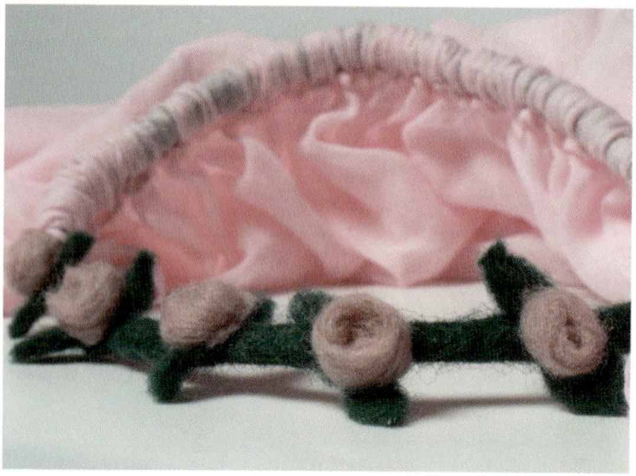

Königstochterkrone

Material:

- grüne und rosafarbene ungesponnene Schafwolle im Vlies mit Filzeigenschaft
- flüssige Seife
- Hosengummiband
- rosa Tuch
- Nähzeug

Anleitung:

Am Kopf eines Kindes messen wir den Umfang und nähen entsprechend ein Hosengummiband an den übereinander gelegten Enden zusammen. Zur Hälfte umwickeln wir das Gummiband mit grüner Schafwolle. Mit feuchten seifigen Händen reiben wir die grüne Wolle, bis sie gut zusammen hält, also gefilzt ist. Dann waschen wir die Seife aus.

Wie bei «Gefilzte Schäfchen» (siehe Seite 23 f.) beschrieben stellen wir, jedoch aus nur zwei übereinander liegenden Wollschichten, ein Filzteil in rosa ca. 40 x 5 cm und eines in grün ca. 10 x 5 cm her. Aus dem grünen Filz schneiden wir ganz frei Rosenblätter aus. Den rosa Wollfilz schneiden wir einmal der Länge nach in der Mitte durch. Dann schneiden wir davon ca. 10 – 15 cm lange Stücke, die zusammengerollt zu kleinen Röschen werden. Erst nähen wir sie zusammen und dann an dem grünen Filz auf dem Gummiband fest. Wie auf dem Foto zu sehen ist, werden grüne Rosenblätter zu den Blüten dazu genäht. Das Tuch wird um das restliche freiliegende Gummiband gelegt und mit kleinen Heft- oder Reihstichen festgenäht und zusammengerafft.

Lass mich ein Streiter Gottes sein

Melodie: Alois Künstler

Text: Fritz Lemmermayer

Spiele für ein Michaelifest

Für das Michaelsfest werden Spiele ausgesucht, die Mut und Gleichgewicht erfordern. Beim Schwierigkeitsgrad berücksichtigen wir das Alter und die Leistungsfähigkeit der Kinder. Der Spielaufbau muss gut abgesichert sein und mindestens ein Erwachsener ist für die erforderliche Hilfestellung zugegen. Alle Spiele sind so konzipiert, dass sie im Haus stattfinden können. Jedes Kind bekommt aus Fotokarton ein rotes Schwert, das mit einem Wollfaden um den Hals gehängt werden kann. Bei jedem Spiel werden ein oder zwei Buchstaben für ST. MICHAEL eingetragen.

Höhen und Tiefen

Mit Sportgeräten oder Möbeln wird eine kleine Strecke aufgebaut, bei der Höhen und Tiefen überwunden werden sollen. So wird z.B. ein Brett über zwei Stühle (Leitern) gelegt, worüber balanciert werden soll. Stellt man einen Stuhl auf einen Tisch, über den die Kinder steigen müssen, ist das mitunter eine beachtliche Höhe. Auch das Auf- und Absteigen über eine von zwei Seiten begehbare Leiter stellt besondere Ansprüche.

Kräfte messen

Auf zwei Baumstümpfen (Hocker, kleine Kästen) stehen sich zwei Kinder gegenüber. Sie haben ein Seil in der Hand und versuchen sich gegenseitig vom Baumstumpf zu ziehen.

Lanzen stechen

Auf Karton ist eine Zielscheibe oder das Bild eines Drachens aufgemalt. Mit geschlossenen Augen, eine spitze Holzlanze in der Hand, läuft das Kind aus 5 m Entfernung auf das Ziel zu, um den Drachen zu treffen.

Seilbrücke

Zwischen zwei Stufenbarren oder anderen stabilen Befestigungsmöglichkeiten, die sich im Raume befinden, werden zwei Seile in unterschiedlicher Höhe gespannt. Das untere Seil ist zum Fortbewegen mit den Füßen und das obere zum Festhalten mit den Händen. Unter den Seilen liegen zur Absicherung Matten. Die Seilbrücke muss nicht sehr hoch sein. Es genügen 30 – 50 cm Abstand vom Boden.

Zielwerfen

Ein Korb und einige Kiefernzapfen – mehr wird nicht benötigt.

Aus einer bestimmten Entfernung sollen nun die Zapfen in den Korb geworfen werden. Dieses Spiel ist besonders für ängstliche und jüngere Kinder gedacht, für ältere steigert man den Wurfabstand.

Barfußweg

Verschiedene niedrige Apfelkisten aus Karton oder Kunststoffbehälter werden mit unterschiedlichen Materialien gefüllt: Sägemehl, Hobelspäne, Sand, Laub, Kies, Mulch, Split, Eicheln, Tannenzapfen, Walnüsse, Haselnüsse mit Schalen, Kastanien, Heu, Weinkorken, Stroh, Getreide, Wasser oder anderes. Der vorbereitete Weg muss selbstverständlich barfuß bewältigt werden, mit offenen oder geschlossenen Augen. Das Wasser sollte am Schluss stehen und ein Handtuch zum Abtrocknen der Füße bereitliegen.

Gegenstände tasten

Mehrere Stoffbeutel werden mit unterschiedlichen Materialien gefüllt, die ertastet und benannt werden sollen. Es eignen sich dazu: leere Schneckenhäuschen, Wäscheklammern, Getreide, Kastanien, Wolle, Bucheckern, Murmeln usw.

Hoch hinaus

Im Turnraum oder Treppenhaus wird ein Tau oder eine Strickleiter an der Decke (Empore, Treppengeländer, Brüstung) so befestigt, dass vom Boden aus hochgeklettert werden kann. Mit dicken Matten ist der Boden abgesichert. Jedes Kind klettert nur so weit, wie es sich dies selber zutraut.

Gleichgewicht halten

Auf einem Baumstamm (Turnbank) stehen sich zwei Kinder gegenüber. Sie haben die Arme vor dem Oberkörper verschränkt und versuchen, einerseits selbst das Gleichgewicht auf dem Baumstamm zu halten und andererseits den anderen durch leichtes Schubsen zu Fall zu bringen. Für denjenigen, der herunterfällt, ist das Spiel zu Ende. Er bekommt den entsprechenden Buchstaben auf dem Schwert eingetragen. Der Andere darf sein Glück mit dem nächsten Gegner versuchen. Man kann aber auch das Spiel beenden, sobald eines der beiden Kinder vom Baumstamm heruntergefallen ist und zwei neue Spieler kommen an die Reihe.

Dunkelkammer

Ein Raum in der Einrichtung wird völlig abgedunkelt. Die Kinder müssen vor dem Mitspielen wissen, dass der Raum dunkel ist! Wer traut sich nun, mit oder ohne Begleitung eines Erwachsenen in diesen Raum, um dessen Umrisse zu ertasten? Die Tür wird sofort geöffnet, wenn das Kind ein vorher vereinbartes Zeichen gibt, z.B. sagt: «Ich möchte wieder raus!», denn niemand darf traumatisiert werden. Auch darf in dem dunklen Raum nichts Erschreckendes geschehen oder herumliegen, die Dunkelkammer ist keine Geisterbahn!

Michaelsschwerter

Zutaten:

- 1 Würfel Hefe
- 500 g Weizenschrot (oder Mehl 1050)
- 1 Teelöffel Salz
- 1 Esslöffel Honig
- 100 g Butter
- 1 Ei
- 1/2 l Milch oder Wasser
- 100 g gehackte Haselnüsse oder Mandeln

Zubereitung:

Das Mehl in eine Schüssel geben und in die Mitte eine Mulde drücken. Das Ei trennen, Salz, Honig, Butter, Eiweiß und die in der erwärmten Milch aufgelöste Hefe darauf verteilen, zu einem Teig verkneten und 30 Minuten zugedeckt an einem warmen Ort gehen lassen.

Nun die Haselnüsse untermengen und 12 Schwerter formen. Stattdessen kann man auch den Teig fingerdick ausrollen, eine Kartonform, die man sich vorher hergestellt hat, auflegen und mit einem Küchenmesser darum herum schneiden. Die Teigränder etwas andrücken.

Die Schwerter auf einem gefetteten Backblech 15 Minuten gehen lassen. Mit verquirltem Eigelb bestreichen und im vorgeheizten Backofen bei 170° C ca. 25 Minuten backen.

Drachen aus Moos

Material:

- dicke Wellpappe
- frisches Moos
- Herbstlaub
- Kupfer-, Messing- oder Silberdraht
- Fotokartonreste für das Gesicht
- Krepppapier in Orange oder Gelb
- Kordel, evtl. Bast
- Schere und Klebstoff

Anleitung:

Aus Wellpappe schneiden wir in beliebiger Größe eine Drachenform aus. Die Form belegen wir mit feuchtem, jedoch nicht nassem Moos. Dieses sollte in möglichst großen Stü-

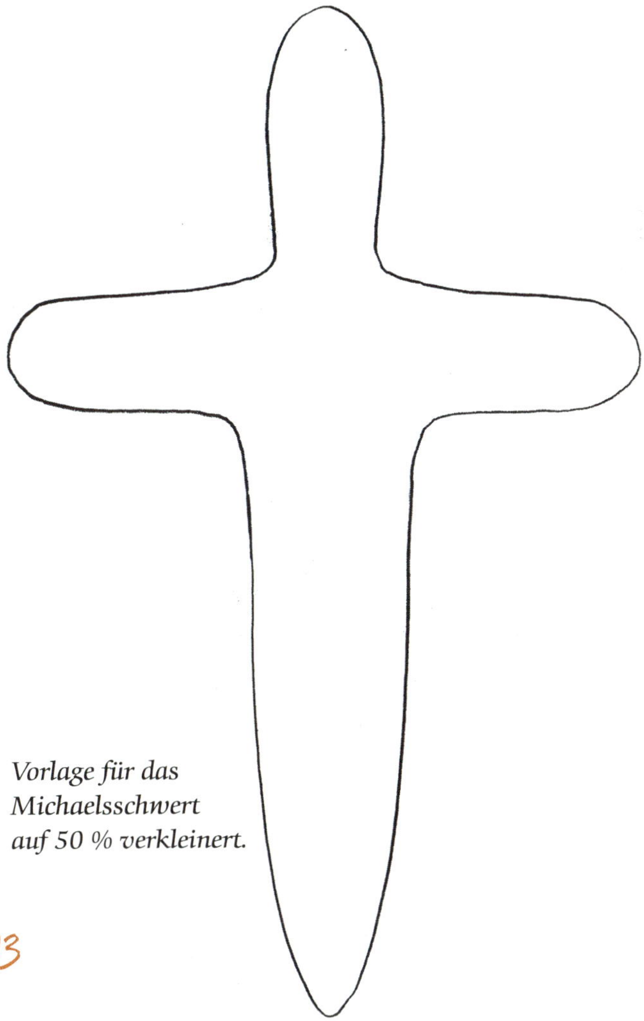

Vorlage für das Michaelsschwert auf 50 % verkleinert.

cken sein und ca. 5 cm über die Drachenform hinausreichen. Nun wenden wir den Drachen, schlagen das überstehende Moos um und bedecken den Rest auch mit Moos. Ringsherum drücken wir das Moos fest, sodass wir die Form gut spüren und sehen können.
Jetzt beginnen wir nach allen Richtungen mit dünnem Draht das Moos fest um den Karton zu wickeln. An einigen Stellen legen wir noch einzelne Herbstblätter dazwischen. Ist das Moos überall gut fest, legen wir den Drachen zum Trocknen auf Zeitungspapier.
In der Zwischenzeit schneiden wir uns aus Fotokartonresten Augen und einen Mund. Erst wenn das Moos am nächsten Tag ganz getrocknet ist, können wir sie aufkleben.
Entsprechend der Drachengröße schneiden wir aus Krepppapier Rechtecke. Diese werden mit einem Bastband versehen und mit einer Kordel zu einer Schleife zusammengebunden. Am Kopf und an den Ohren benötigen wir jeweils eine Schleife. Für den Schwanz binden wir beliebig viele Schleifen hintereinander. Mit der Scherenspitze drücken wir an den entsprechenden Stellen ein kleines Loch durch das Moos und den Karton, um die Schleifen festzubinden.

Dieser Drache kann eine Eingangstüre oder den Jahreszeitentisch schmücken.

Rätsel

Sag, wie heißt der edle Mann,
der einst den Kampf
mit dem Drachen gewann?

Christel Dhom
(groeG rettiR)

Michaelswunsch

Des Ritters Kraft, die wünsch ich mir
zum Kampfe mit dem Drachentier.

Will mutig sein, will tapfer sein,
besieg' das Böse ganz allein.

Mit Michaels Schwert wird mir's gelingen
den garstigen Drachen zu bezwingen.

Die Macht nehm' ich ihm auf der Erde,
dass Frieden werde.

Christel Dhom

Erntedankfest

Erntedank

Ihr lieben Leute, lasst euch sagen:
Wir brachten heim den letzten Wagen.
Wir brachten heim die letzten Garben:
Nun soll im Lande keiner darben.

Oh Erntezeit, oh heil'ge Zeit,
Oh Segen ohne Ende!
So hebt in hoher Freudigkeit
Zum Himmel eure Hände

Und danket alle Gott!

Volksgut

Erntedankfest

Jedes Jahr am ersten Sonntag im Oktober wird bei uns Erntedank gefeiert. Manch einer hat den Bezug zu diesem Fest verloren. Wird einmal durch Spätfröste im Frühling oder Hagelschlag oder lang anhaltende Hitzeperioden oder … eine Ernteeinbuße hervorgerufen, so sind die Regale in Supermarkt und Bioladen dennoch gefüllt. Wir müssen deshalb keinen Mangel oder gar Hunger leiden. Dank der Globalisierung ist es uns möglich, Weintrauben aus Südafrika oder Äpfel aus Chile zu kaufen. Noch vor 150 Jahren hing mitunter die Existenz einer ganzen Familie vom Ertrag einer Ernte ab. Für uns ist dies kaum noch vorstellbar. Dennoch gibt es viel zu viele Menschen auf der Erde, die Hunger leiden und trotz Globali-

sierung nicht genügend zu essen oder zu trinken haben.
Vor diesem Hintergrund macht es Sinn, sich wenigstens einmal im Jahr bewusst zu machen, wie reichhaltig und vielfältig unser Tisch gedeckt ist. Den Kindern wollen wir vermitteln, dass wir mit Dankbarkeit die Früchte der Erde entgegen nehmen und Ehrfurcht vor unserem Schöpfer haben. Es ist wichtig für unsere Kinder, dies bei uns Erwachsenen zu erleben, um irgendwann einmal den gefüllten Kühlschrank nicht als selbstverständlich hinzunehmen, sondern auch Verantwortung für diejenigen zu entwickeln, die in eine andere Kultur und Landschaft geboren worden sind.

Rätsel

Ich weiß ein Ställchen
mit weißen Gesellchen;
es regnet nicht rein,
es schneit nicht hinein
und ist doch alleweil nass.
Was ist das?

(dnuM)

Erntedank

Melodie: Heiner Garff

Text: Marianne Garff

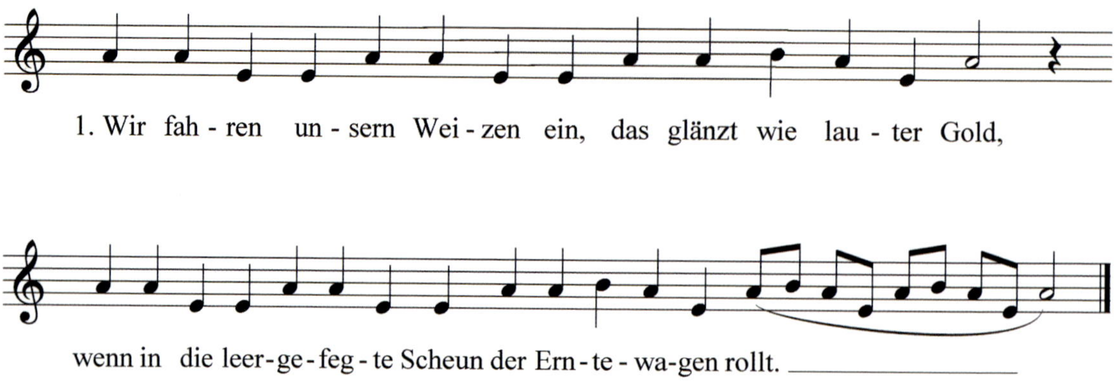

Einladungskarte für ein Erntedank- oder Herbstfest

Material:

- Fotokarton in Rot, Grün und Braun
- Klebstoff
- Bleistift
- Schere
- dicker Filzstift

Anleitung:

Den roten Fotokarton schneiden wir auf 36 cm Breite und falten ihn in der Mitte, sodass er 18 cm breit liegt. Entsprechend unserer Vorlage zeichnen wir einen Apfel auf den Karton. Dabei achten wir darauf, dass der Falz auf der linken Seite liegt und sowohl Apfel als auch Apfelblatt und -stiel darauf Platz finden. Nun schneiden wir aus dem doppelt liegenden Karton den Apfel aus. Die Einladungskarte hält auf der linken Seite zusammen und lässt sich rechts aufklappen.

Die Kinder können Apfelblatt und -stiel anmalen oder aber ein Blatt aus grünem Fotokarton und einen Stiel aus braunem Fotokarton ausschneiden und aufkleben. Auf die Vorderseite kann mit einem dicken Filzstift (Edding) oder Wachsmalstift «Einladung» geschrieben werden. Klappt man die Karte auf, erfährt man, wer zu was, wann und wo eingeladen hat. Möglicherweise steht noch darin, auf was man sich freuen darf, z.B. eine Gemüsesuppe oder ein Puppenspiel.

Schnittmuster auf 50 % verkleinert.

Tischspruch

Erde, die uns dies gebracht,
Sonne, die es reif gemacht:
Liebe Sonne, liebe Erde,
Euer nie vergessen werde!

Christian Morgenstern
(Aus: *Eins und Alles*)

Die Quer-durch-den-Garten-Suppe

… oder eine Gemüsesuppe, die sich für Erntedank eignet. Die Zutaten sind für 6 Personen zusammengestellt. Für ein Erntedankfest in einer Kindergartengruppe oder Schulklasse müssen die Zutaten entsprechend errechnet und die Garzeit deutlich verlängert werden. Übrigens helfen Kinder sehr gerne beim Putzen und Schneiden des Gemüses mit.

Zutaten:
- 600 – 800 g verschiedene Gemüse- und Kohlsorten, z.B. Karotten, Erbsen, Broccoli, Wirsing, Blumenkohl, Kohlrabi, Sellerie, Lauch. Kartoffeln sollten immer dabei sein.
- 1 Zwiebel
- 1/2 Knoblauchzehe
- 1 EL Tomatenmark
- 2 EL Sahne
- 1 Brühwürfel
- diverse frische Kräuter wie Liebstöckel, Schnittlauch, Petersilie
- Salz und Muskat zum Abschmecken

Zubereitung:
Gemüse putzen, waschen, klein schneiden, in einen Topf füllen und mit Salzwasser bedeckt ca. 25 Minuten bei schwacher Hitze kochen. Klein geschnittene Zwiebel und Knoblauch dazugeben. Nach dem Garen Tomatenmark, Sahne und Brühwürfel unterrühren, mit Salz und Muskat abschmecken. Vor dem Servieren mit klein geschnittenen Kräutern garnieren.

Erntedankbrötchen

Zutaten:
- 500 g Mehl 1050
- 1 Würfel Hefe
- 250 ml Wasser
- 2 TL Salz
- 1 Prise Zucker
- Sesam zum Bestreuen

Zubereitung:
Das Mehl in eine Schüssel geben und in die Mitte eine Mulde drücken. Die Hefe in lauwarmem Wasser auflösen, Salz und Zucker dazugeben und in die Mehlmulde gießen. Mit etwas Mehl verrühren (Vorteig) und zugedeckt an einem warmen Ort ca. 15 Minuten gehen lassen.
Nun das ganze Mehl gut unterkneten und noch einmal zugedeckt 30 Minuten gehen lassen. Jetzt den Teig in 10 – 12 gleich große Stücke teilen. Diese jeweils zu einer Rolle formen und entsprechend unserer Zeichnung (siehe die folgende Seite) Brötchen flechten. Die Brötchen auf ein mit Backpapier ausgelegtes Blech legen und zugedeckt 20 Minuten gehen lassen.
Vor dem Backen werden die Brötchen mit Wasser oder verquirltem Eigelb bestrichen

1.

2.

3.

4.

und mit Sesam bestreut. Im vorgeheizten Backofen bei 200° C ca. 20 Minuten backen. Auf den Boden des Backofens zu Backbeginn ein Glas Wasser schütten, um die nötige Luftfeuchtigkeit für den Backvorgang zu schaffen.

Herzhafter Gemüsekuchen

Zutaten für den Teig:
- 250 g feiner Dinkelschrot
- 1/2 Würfel Hefe
- 75 ml Milch
- 1/2 TL Salz
- 1 Prise Muskat
- 5 EL Olivenöl

Zutaten für die Füllung:
- Etwa 1 kg Gemüse bestehend aus Möhren, Lauch, Broccoli, Cocktailtomaten, Champignons
- 2 Eier
- 150 g saure Sahne
- 150 g geriebener Emmentaler Käse
- Salz, Pfeffer, Paprika und Muskat zum Abschmecken

Zubereitung:
Den Dinkelschrot in eine Schüssel geben und in die Mitte eine Mulde drücken. In der lauwarmen Milch die Hefe auflösen, in die Mulde geben, Salz darauf verteilen und alles zu einem Teig verkneten. Zugedeckt an einem warmen Ort 15 Minuten gehen lassen. Muskat und Olivenöl hinzufügen, erneut durchkneten und zugedeckt 30 Minuten gehen lassen. Nochmals durchkneten und eine gefettete Tartform damit auslegen.

Das Gemüse putzen und klein schneiden. In kochendem Salzwasser zuerst die Möhren, dann den Lauch und den Broccoli, zum Schluss Cocktailtomaten und Champignons 2 – 3 Minuten leicht köcheln lassen. Das Gemüse muss noch bissfest auf dem Teig verteilt werden.
Eier, saure Sahne und Gewürze in einem Schüttelbecher gut durchschütteln und über das Gemüse gießen, mit geriebenem Käse bestreuen. Im vorgeheizten Backofen bei 175° C 45 Minuten backen.

Weintraubentorte

Zutaten für den Teig:
- 3 Eier
- 150 g brauner Zucker
- 3 EL heißes Wasser
- 150 g feiner Dinkelschrot
- 1/2 TL Backpulver

Zutaten für den Belag:
- 1 Päckchen Bourbonvanillepudding
- 1/3 l Milch
- 2 EL brauner Zucker
- 1 kg Weintrauben (bevorzugt kernlos)
- 1 Päckchen weißer Tortenguss
- 2 EL brauner Zucker

Zubereitung:
Die Eier mit dem Zucker und dem heißen Wasser schaumig rühren. Den Schrot mit dem Backpulver mischen und vorsichtig unter die Eimasse heben. In einer gefetteten Springform 20 Minuten bei 175° C im vorgeheizten Backofen backen. Auf einem Kuchengitter abkühlen lassen.
Entsprechend der Aufschrift des Puddingpulverpäckchens einen Pudding kochen und unter Rühren abkühlen lassen.
Um den Biskuitboden einen Tortenring legen. Den gut abgekühlten Pudding darauf verteilen. Die gewaschenen Trauben einzeln auf den Pudding setzen. Mit Tortenguss gleichmäßig überziehen und mehrere Stunden abkühlen lassen.

Vom guten Suppentöpfchen

Vor langer Zeit lebte eine einsame Witwe mit ihrer Tochter in einem kleinen Haus am Dorfrand. Ihren bescheidenen Lebensunterhalt bestritten sie durch den Verkauf ihrer selbst gestrickten Strümpfe. Weit und breit konnte niemand in der Gegend so feine Strümpfe stricken wie das Mädchen und seine Mutter. Am Sonnabend verkauften sie die Strümpfe auf dem Markt in der nahe gelegenen Stadt. Eines Tages fühlte sich die Mutter nicht wohl und blieb im Bett liegen. Das Mädchen musste allein in die Stadt, um die Strümpfe feil zu bieten. Es wurde ein guter Tag, denn gegen Abend hatte das Mädchen alle Strümpfe verkauft. Darüber freute es sich so sehr, dass es zum Abschluss noch einmal über den Markt schlenderte. Da kam das Mädchen an einem Stand mit irdenem Geschirr und Kochtöpfen vorbei. Vor einem der Töpfe blieb es lange stehen.

Irgendetwas war an ihm anders als an all den anderen. Schließlich kaufte das Mädchen dieses Töpfchen. Es musste sein ganzes Geld dafür hergeben, freute sich aber außerordentlich über den Kauf.
Als das Mädchen wieder zu Hause ankam, ging es der Mutter schon wieder besser. Über den neuen Topf aber konnte sie sich nicht freuen. «Was nützt uns ein schönes Töpfchen, wenn wir nichts für hinein haben, um unseren Hunger zu stillen?», sagte die Mutter. Da antwortete eine tiefe Stimme: «Stell mich auf die heiße Herdplatte, warte ein Weilchen und nimm dann den Deckel ab.» Das Mädchen und die Mutter schauten sich verwundert an. Hatte tatsächlich das Töpfchen zu ihnen gesprochen? Den Beiden erschien dies unglaublich, aber ohne lange darüber nachzudenken, stellten sie den Topf auf die heiße Herdplatte, warteten eine kurze Weile und nahmen den Deckel herunter. Ihre Augen begannen zu glänzen, das Wasser lief ihnen im Munde zusammen. Das Töpfchen war randvoll mit einer köstlichen Gemüsesuppe gefüllt. Schnell holten sie ihre Teller, füllten sie mit der heißen Suppe, sprachen ihren Tischspruch und kosteten die Mahlzeit. Es schmeckte ihnen vorzüglich. Seit langem hatten sie nicht mehr so etwas Gutes gegessen.
Als die Beiden sich satt gegessen hatten, war in dem Töpfchen noch so viel Suppe, als sei noch nichts entnommen worden. Die Mutter und das Mädchen überlegten, wen sie zu Tisch bitten könnten. «Wir laden unsere Nachbarn ein», sagte die Mutter, «und die alte Tante vom Unterdorf.» Das Mädchen eilte, um sie alle einzuladen. Bald waren sie um den Tisch der Witwe versammelt und aßen Gemüsesuppe. Auch ihnen mundete sie ausgezeichnet. Die Mutter und das Mädchen waren sehr überrascht, dass ihr Töpfchen immer noch randvoll mit Suppe war.
Am nächsten Tag zur Mittagszeit luden sie noch ein paar mehr Leute aus dem Dorf ein, die sich bei ihnen mit Gemüsesuppe satt essen durften. So ging es jeden Tag, bis schließlich das ganze Dorf zu Gast bei der einsamen Witwe war, die sich jetzt nicht mehr einsam fühlen musste. Und wenn das Töpfchen nicht aufgehört hat, Gemüsesuppe zu kochen, so essen sie noch heute davon.

Halloween

Die Hexe

Seht, die Hexe muss sich bücken:
Lange Nase, krummer Rücken,
Trübe Augen, lahme Beine,
Humpelt über Stock und Steine!

In den Kochtopf rührt sie Knochen:
Will sich Zaubersuppe kochen!
Lockt die Katze aus den Ecken:
Kinder, kommt und lasst's euch schmecken!

Leise, leise zieht sie Kreise,
Geht im Mondschein auf die Reise,
Auf dem Besen durch das Haus,
Durch den Schornstein – husch, hinaus!

Hedwig Diestel
(Aus: *Kindertag*)

Halloween

Vermutlich hat das Fest seinen Ursprung in Irland und geht auf vorchristliche Feierlichkeiten der Kelten zurück. Ein keltisches Jahr endete am 31. Oktober. Man glaubte, dass in der Nacht zum 1. November die Seelen der Verstorbenen noch einmal nach Hause zurückkehren durften. Um sich vor bösen Geistern, Dämonen und Hexen zu schützen, wurden riesige Feuer entzündet, Opfergaben gebracht und Rübengesichter aufgestellt.
Nachdem es dem Christentum nicht möglich war, dieses keltische Brauchtum auszurotten, legte Papst Gregor IV. im Jahre 837 den 1. November als Allerheiligenfeiertag fest. Aus «All Hallows Eve» wurde die verkürzte Form «Halloween», was so viel bedeutet wie «der Abend vor Allerheiligen».
Während der großen Hungersnot in der Mitte des 19. Jahrhunderts wanderten viele Iren nach Amerika aus und brachten das Brauchtum von Halloween mit. Da es in Amerika kaum Rüben, stattdessen aber jede Menge Kürbisse gab,

wurden Rüben einfach durch Kürbisse ersetzt, zumal Kürbisse leichter zu bearbeiten waren und schöner leuchteten.
Kannte man vor ein paar Jahren Halloween in Europa noch gar nicht, gewann es in letzter Zeit zunehmend an Popularität. In allen größeren Orten werden Halloween-Partys gefeiert, die Geschäfte sind von Halloween-Artikeln überfüllt und spätestens, wenn Kinder an unserer Haustür klingeln und «Süßes – oder es gibt Saures!» («Trick or Treat!») rufen, müssen wir uns mit dem neuen Fest auseinander setzen. Halloween einfach zu ignorieren ist sicher nicht empfehlenswert, vielmehr sollten wir nach Wegen suchen, das Fest in kindgerechter Weise zu gestalten. Im Folgenden werden nun einige Vorschläge gemacht, um mit Kindergarten- oder Grundschulkindern den Halloweentag zu feiern.

Hexen fangen

Die Hexe bewacht mit verbundenen Augen die Tür ihres Hauses. Die Tür ist durch zwei Schuhe (Jacken, Stühle o. Ä.) gekennzeichnet. Alle anderen Mitspieler wollen gerne ins Haus der Hexe und necken sie. Wer ins Haus gelangt, ist in Sicherheit. Wer jedoch von der Hexe gefangen wird, tritt an ihre Stelle und das Spiel beginnt von neuem.

Leckeres für das Halloweenfest

Mitternachtssuppe (für Schulkinder)

Für die Mitternachtssuppe braucht man nur 1 – 2 Gemüsebrühwürfel, Fadennudeln, Backerbsen, frische oder getrocknete Petersilie und natürlich Wasser. Zu Halloween verwandeln sich die Fadennudeln in Spinnenbeine, die Backerbsen in Kröteneier und die Petersilie in feurige Brennnesseln. Für alle Beteiligten muss klar sein, dass es sich dabei um einen Schabernack handelt und selbstverständlich keine echten Spinnenbeine in der Suppe sind.

Zaubertrank

Damit die Kleinen zu Zauberkräften gelangen, ist möglicherweise ein Getränk mit Zauberwirkung erforderlich. Siehe hierzu das Rezept «Alkoholfreier Früchtecocktail» auf Seite 55.

Gespensterchen zum Essen

Zutaten:

- 50 g Butter
- 150 g feiner Haferschrot
- 80 g Honig
- 1 EL Sahne
- 50 g Kokosflocken für den Teig
- 50 g Kokosflocken zum Wälzen

Zubereitung:

In einer großen Pfanne die Butter schmelzen und den Haferschrot darin ca. 10 Minuten rösten. Nachdem das Ganze etwas abgekühlt ist, in eine Schüssel geben und mit den anderen Zutaten verkneten. Kegelförmige «Gespensterchen» formen, in Kokosflocken wälzen und vor dem Verzehr im Kühlschrank aufbewahren. «Gespensterchen» sind gut eine Woche haltbar.

Hexenbesen

Zutaten:

- 450 g Dinkelmehl
- 150 g Hirsemehl
- 1 TL Salz
- 80 g Butter oder Margarine
- 1 Würfel Hefe
- 250 ml Milch oder Wasser
- 1 MS Paprika
- 100 g Parmesan

Zum Bestreuen: Sesam, Kümmel, Mohn usw.

Zubereitung:

Das Mehl in eine Schüssel geben und in die Mitte eine Mulde drücken. Salz, Paprika, Parmesan und klein geschnittene Butter darauf

verteilen. In der lauwarmen Milch oder dem Wasser die Hefe auflösen, in die Mehlmulde gießen und alles zu einem Teig verkneten. Zugedeckt an einem warmen Ort 30 Minuten gehen lassen. Erneut durchkneten und in kleine Portionen teilen. Den Teig auf einer bemehlten Unterlage fingerdick ausrollen, aus Karton nach unserer Vorlage einen Hexenbesen ausschneiden, den Karton bemehlen, auf den Teig legen, mit einem scharfen Messer drumherum schneiden. Mit Wasser oder Milch bestreichen und mit Samen bestreuen. Auf einem mit Backpapier ausgelegten Blech im vorgeheizten Backofen bei 175° C ca. 25 Minuten backen.

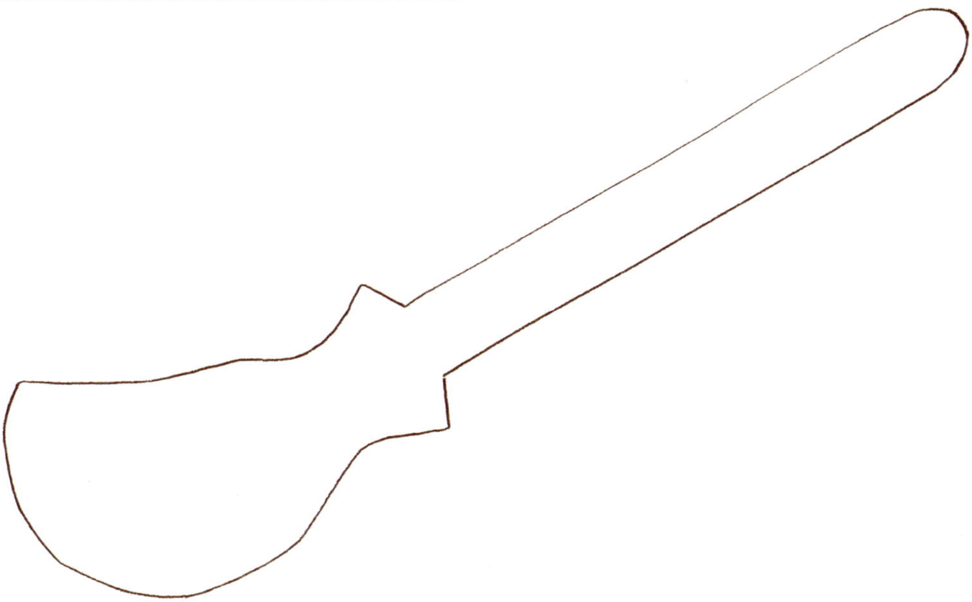

Hu, hu, hu, der Herbst geht durch das Land

Text u. Melodie: L. Henning

Herzhafte Kürbismuffins

Zutaten für 12 Muffins:

- 350 g Dinkelgrieß
- 100 g Dinkelschrot
- 2 TL Backpulver
- 250 g Kürbisfleisch (bevorzugt Hokkaido)
- 1 Zwiebel
- 1 EL gehackte Kräuter (Petersilie, Schnittlauch, Rosmarin)
- 200 g Crème fraîche
- 4 EL Olivenöl
- 3 Eier
- 50 g Rinderschinken
- Salz, Pfeffer, Muskat zum Abschmecken

Zubereitung:
Kürbisfleisch in Wasser 10 Minuten dünsten, Wasser abgießen, pürieren und etwas abkühlen lassen. Grieß, Dinkelschrot und Backpulver in eine Schüssel geben und miteinander vermengen. Fein geschnittene Zwiebeln, Kürbisfleisch und die gehackten Kräuter unter das Mehl rühren und in die Mitte eine Mulde drücken. Crème fraîche, Olivenöl und Eier in einen Schüttelbecher geben, gut verquirlen und in die Mulde gießen. Den klein geschnittenen Rinderschinken darüber verteilen. Mit einem Suppenlöffel die Zutaten zu einem Teig verrühren, der noch kleine Klümpchen haben darf. Muffinform mit Papierförmchen ausstatten und diese mit Teig füllen. Im vorgeheizten Backofen bei 210° C ca. 25 – 30 Minuten backen. In der Form abkühlen lassen, herauslösen und auf einem Kuchengitter auskühlen.

Basteln am Halloweenfest

Kürbisgesichter

Kürbisse in unterschiedlichen Größen dürfen zu Halloween nicht fehlen. Sie müssen aber nicht alle echt sein und ausgehöhlt werden. Wir können auch einfach ganz frei auf orangefarbenes Tonpapier Kürbisse zeichnen und sie mit einer Schere ausschneiden. Sie werden dann einfach mit einem Klebestreifen ans Fenster oder an einer Schnur im Zimmer aufgehängt.

Rübenlaternen

Bei einem Landwirt besorgen wir uns für jedes Kind eine Rübe. Wir säubern sie grob und schneiden die Stelle, an der die Blätter herauswuchsen mit einem gezahnten Messer so ab, dass die Rübe gerade stehen kann. Dann wird die Spitze der Rübe wie ein kleines Käppchen abgeschnitten. Nun beginnen wir, mit einem Suppenlöffel vorsichtig die Rübe auszuhöhlen. Es sollte ein Rand von ca. 1, 5 cm und unten ein solider Fuß stehen bleiben. Zum Schluss wird mit einem Stift ein Gesicht aufgemalt und mit einem Küchenmesser ausgeschnitten. Dabei ist

sicher die Hilfe eines Erwachsenen nötig. Mit einem Teelicht leuchtet dann unser Rübengesicht im Dunkeln.

Gruselgeschichte nach der Legende von Jack O'Lantern

Wenn die Tage kürzer und die Nächte länger werden, wenn es draußen kalt und nass wird, wenn der Wind heult und die Fensterläden klappern, wenn jeder lieber im warmen Zimmer bei Kerzenschein zusammensitzt, dann schleicht meist Jack O'Lantern ums Haus.

In Irland, so erzählt man sich, soll er einst in einem kleinen Dorf gelebt haben. Niemand mochte ihn gerne leiden, denn er war ein Lump und ein Taugenichts. Jack war ein Unhold, der so böse war wie kein anderer. Die Kinder fürchteten sich und die Erwachsenen hielten sich möglichst fern von ihm. Die meiste Zeit verbrachte Jack damit, entweder irgendetwas Hässliches auszuhecken oder sich zu betrinken.

Als nun die Zeit gekommen war und Jacks Leben sich dem Ende neigte, wollte sich der Teufel seiner schwarzen Seele annehmen. Da bat Jack um einen letzten Drink, den er in einer Spelunke nehmen wollte. Der Gehörnte erfüllte ihm gern den Wunsch. Da Jack aber keine Münze zum Bezahlen hatte, verwandelte der Teufel sich in ein Geldstück. Er hoffte, so schneller an Jacks sündhafte Seele zu gelangen. Mit spitzbübischem Lächeln nahm Jack die Münze und steckte sie in seinen Beutel, der mit einem Kreuzverschluss geschlossen wurde. Nun war der Satan gefangen und Jack konnte für ein weiteres Jahr sein Unwesen auf der Erde treiben.

Schon bald waren zwölf Monate vergangen und der Teufel meldete sich wieder bei Jack. Dieses Mal bat Jack darum, einen allerletzten Apfel essen zu dürfen. Der Teufel ahnte nicht die List und gewährte auch diesen Wunsch. Da Jack zu schwach war, um auf den Apfelbaum zu klettern, tat dies der Teufel höchstpersönlich. Aber gerade als er ganz oben in der Baumkrone saß, sprang Jack auf und ritzte mit seinem Messer ein Kreuz in die Rinde. Damit hielt er den Teufel gefangen und hatte ihn ein zweites Mal überlistet. Jeder kann sich sicher vorstellen, wie erzürnt der Teufel darüber war.

Jack verlangte nun einen noch höheren Tribut, wollte der Teufel aus seiner misslichen Lage befreit werden. Unter Protest und widerwillig musste der Teufel versprechen, Jack nie wieder zu behelligen, um ihn in die Hölle zu bringen. Um seine Freiheit wieder zu erlangen, ging der Pferdefüßige darauf ein.

Dennoch war eines Tages Jacks Zeit gekommen und Gevatter Tod holte ihn ab. Jacks Seele machte sich zunächst auf den Weg in den Himmel. An der Pforte zum Paradies verweigerte man ihm jedoch den Einlass wegen seines verderblichen Lebenswandels auf Erden.

Also begab er sich zur Hölle. Der Teufel jedoch war an sein Versprechen gebunden: «Geh dahin zurück, von wo du gekommen bist.» «Scher dich zum Teufel» konnte er ja nicht sagen. «Aber wie soll ich in dieser Dunkelheit den Weg finden?» fragte Jack. Da warf der Satan ihm ein Stück Höllenglut vor die Füße.

Seitdem wandert der ruhelose Geist mit einer brennenden Kohle in einer ausgehöhlten Rübe oder einem Kürbis über die Erde. Besonders gut ist er in dunklen Oktobernächten zu sehen.

Sankt Martin

Das Fest zum Martinstag wird am 11. November gefeiert. Dies war wahrscheinlich der Todestag des Martin von Tours im Jahre 397 n. Chr. In Ungarn wurde er 316 als Sohn heidnischer Eltern geboren. Zunächst trat er wie sein Vater in die römische Armee ein und wurde ein Offizier des Kaisers. Aus dieser Zeit stammt die bekannte Geschichte, in der St. Martin seinen warmen Mantel mit dem Bettler teilt. Dann aber verabschiedete er sich vom Heer, ließ sich taufen und lebte in großer Bescheidenheit. Sein Lebensweg war gekennzeichnet durch zahlreiche Wundertaten an Kranken, geprägt von Demut und Opferbereitschaft. Viele Menschen konnte er zum Christentum bekehren. Im Jahre 374 wurde Martin zum Bischof von Tours geweiht. Dort lebte er die meiste Zeit als Einsiedler bis zu seinem Tode.

Früher begann am 11. November die sechswöchige Fastenzeit vor Weihnachten. Das bäuerliche Erntejahr endete an diesem Tag. Mägde und Knechte erhielten ihren Lohn und der Zins wurde fällig. Mit Gänsen oder durch den Ertrag aus dem Verkauf der Ernte tilgte man den Zins. All dies waren Anlässe, Martini mit einem fröhlichen Fest zu begehen, zu dem natürlich auch ein Martinsschmaus gehörte.

In Kindergärten, Schulen, sozialen Einrichtungen und zahlreichen Kirchengemeinden hat die Gestaltung eines Martinsfestes Tradition. Der mit Musik und Liedern begleitete Laternenumzug am frühen Abend ist ein Brauch, den Kinder lieb gewonnen haben. Vielleicht wird der Umzug sogar von einem Reiter begleitet, der als Heiliger Martin verkleidet ist. Schön kann es für die Kinder sein, wenn der

Heilige Martin während des Laternenumzuges nur von ferne zu sehen ist, seine Erscheinung etwas geheimnisvoll bleibt, denn das regt die kindliche Fantasie an. Nach dem Umzug freuen sich alle Teilnehmer auf das wärmende Feuer, an dem Martinspunsch und gebackene Martinswecken oder -gänse bereitgehalten werden. So wie St. Martin seinen Mantel teilte, werden auch die Wecken nicht allein gegessen, sondern immer mit einem Freund geteilt. Am Feuer könnte dann zum Abschluss eine Legende aus Martins Leben als weiterer Höhepunkt erzählt werden.

Laternenfest

Einladungskarte

Material:

- Fotokarton in Orange oder Gelb
- Wachsmalblöckchen oder Stifte
- Schere
- Bindfaden
- kleine Stöckchen

Anleitung:
Ähnlich unserer Vorlage zeichnen wir eine Laterne von ca. 18 cm Höhe und 12 cm Breite auf den Fotokarton und schneiden sie aus. Nun wird sie mit Wachsmalblöckchen oder Stiften angemalt. An den oberen Seiten drücken wir mit der Scherenspitze kleine Löcher in den Karton, durch die ein Bindfaden gezogen und festgebunden wird. In der Mitte des Fadens wird ein kleines Stöckchen zum Tragen befestigt.

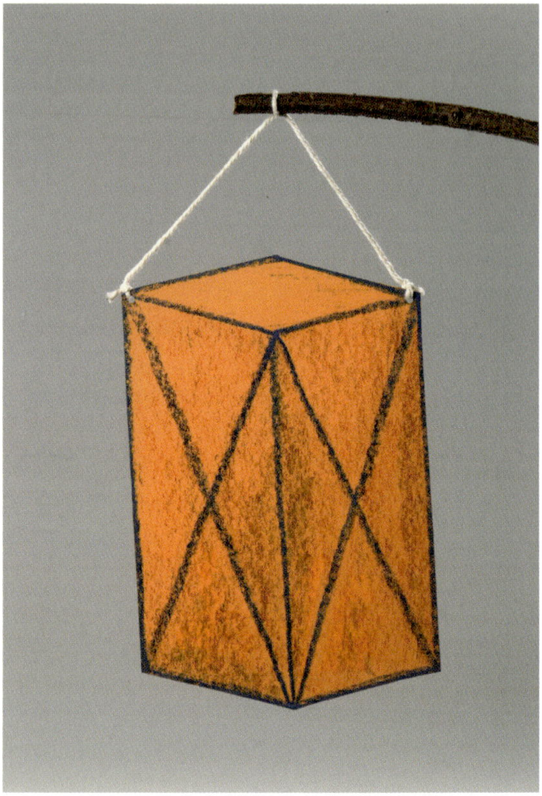

Auf der Rückseite der Laterne stehen das Datum, die Uhrzeit und der Ort, an dem das Laternen- oder Martinsfest stattfinden soll. Günstig wäre auch zu erfahren, wie lange das Fest dauert und was den Gast erwartet.

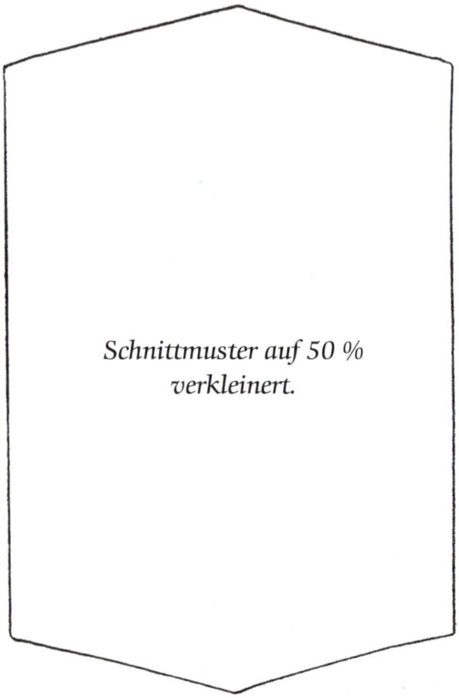

Laterne

Material:

- Aquarellpapier DIN A3
- Aquarellfarben
- Klebstoff
- Kerzenhalter mit Kerze
- Blumendraht
- Laternenstab oder Haselrute
- Schere
- Stofflappen
- einfaches Speiseöl

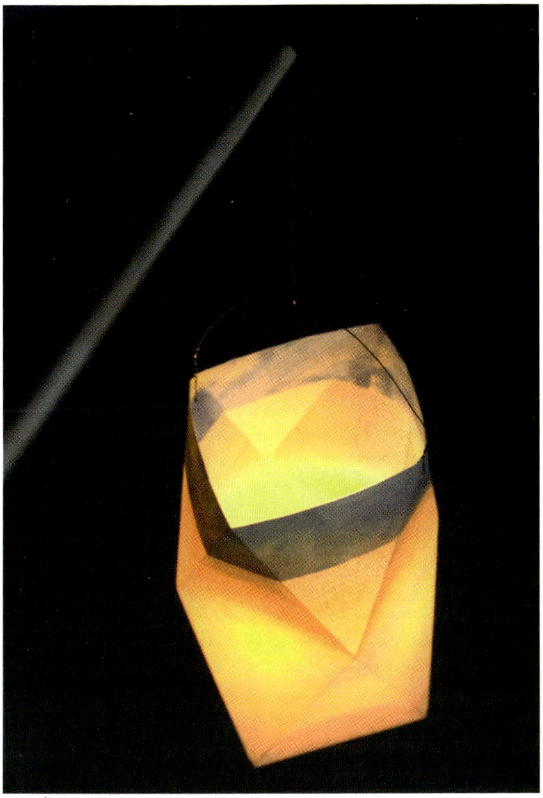

Anleitung:

Wir benötigen ein Aquarellpapier, das nach Belieben angemalt wurde und getrocknet ist. Die bemalte Seite nach unten gewendet, messen wir an der langen Seite oben einen Streifen von 4 cm und unten von 6 cm ab. Mit Hilfe von Lineal und Schere ritzen wir die Markierungslinie ein, knicken um und streifen mit dem Fingernagel über den Falz.

Auf dem Falz oben und unten messen wir von einer Seite beginnend je 10,5 cm ab und markieren diese Stellen. Der Rest ergibt die Lasche für das seitliche Zusammenkleben der Laterne (siehe Zeichnung). Die beiden Ecken der Lasche werden herausgeschnitten und von der unteren Kante bis zur Markierung eingeschnitten.

Nun werden für die vier Seiten der Laterne von den unteren zu den oberen Markierungen die Diagonalen mit Lineal und Schere eingeritzt, dann gefaltet, wie es auf unserer Zeichnung zu sehen ist.

Wir kleben die Laterne an der Seite zusammen. Dann wird der obere Rand nach innen geschlagen und festgeklebt. Als Letztes entsteht der Boden, indem wir zwei gegenüberliegende Laschen zusammen- bzw. übereinander kleben.

Jetzt bohren wir mit der Scherenspitze ein kleines Loch in zwei gegenüberliegende Seiten. Aus Blumendraht biegen wir einen Bügel, dessen Enden wir durch die kleinen Löcher schieben und mit dem Bügel verdrehen. In der Mitte des Drahtbügels befestigen wir den Tragestock. Für die Kerze benutzen wir am Boden der Laterne eine Kerzenhalterung, wie sie in Bastelgeschäften erhältlich ist.

Diese Laterne leuchtet besonders gut, wenn sie am Schluss mit einem in Speiseöl getränkten Stoffläppchen abgerieben wird.

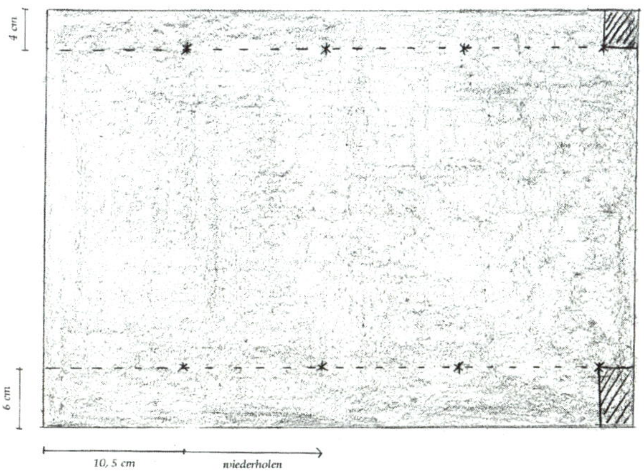

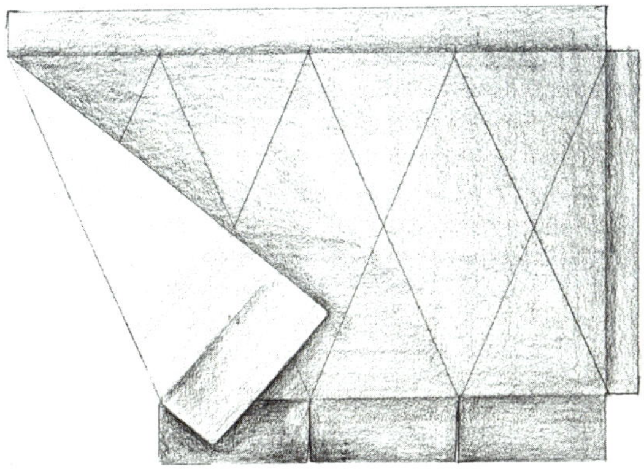

Geschichte am Feuer: Martin im Gänsestall

In einer Höhle in den Kreidefelsen nahe der Stadt Tours lebte einst der gute Martin. Zurückgezogen, einsam und in lange Gebete versunken, verbrachte er dort seine Tage.
Bei den Menschen in seiner Umgebung genoss er ein hohes Ansehen. Längst hatte sich überall herumgesprochen, dass er einst als römischer Soldat seinen Mantel mit einem Bettler teilte oder dass er viele schwerkranke Menschen wieder gesund gemacht hatte. Seine Hilfsbereitschaft und Bescheidenheit beeindruckten viele Leute.
Eines Tages, nachdem der alte Bischof von Tours gestorben war, suchte man nach einem Nachfolger. Da hatte einer den Gedanken, Martin zum Oberhirten zu ernennen. Schnell stimmte die große Gemeinschaft der Christen diesem Vorschlag zu. Martin jedoch wollte dieses Amt nicht annehmen. «Nein», soll er gesagt haben, «ich möchte lieber weiter in der Einsiedelei leben und von hier aus den Menschen helfen.» Die Bürger von Tours aber akzeptierten dies nicht.
Als sie Martin holen wollten, floh er und versteckte sich auf einem nahe gelegenen Bauernhof in einem Gänsestall. «Hier finden sie mich bestimmt nicht», dachte er. Doch als die Suchenden in die Nähe des Gänsestalles kamen, begann das Federvieh laut zu schnattern. «Da ist doch etwas nicht in Ordnung», sagte der Bauer und schaute nach. So entdeckte er Martin im Gänsestall. «Martin soll unser Bischof werden! Martin soll unser Bischof werden!» riefen die Menschen immer wieder. Schließlich willigte Martin ein. Mit Laternen begleiteten die zahlreichen Bürger Martin zurück in die Stadt. Er wurde zum Bischof geweiht, verzichtete aber auf die damit verbundenen Würden und setzte sein einfaches Mönchsleben fort.

Martinspunsch

Zutaten:
- 2 l Früchte- oder Hagebuttentee
- 1/2 l Holundersaft
- 1/2 l schwarzer Johannisbeersaft
- 1/4 l Orangensaft
- 1/4 l Apfelsaft
- Saft von 2 Zitronen
- 2 Beutel Glühweingewürz
- evtl. etwas Honig zum Süßen

Zubereitung:
Alle Zutaten in einen großen Topf geben und bei mittlerer Hitze aufwärmen, jedoch nicht kochen, um möglichst viele Vitamine zu erhalten. Bei Bedarf mit Honig süßen.

Gebackene Martinsgänse

Nach dem Rezept «Gebackene Michaelsschwerter» (siehe Seite 103) stellen wir einen Teig her. Entsprechend unserem Foto schneiden wir eine Gans aus Karton aus, legen sie auf den ausgerollten Teig und umfahren die Form mit einem scharfen Messer.

Sankt Martin

Volksweise

Im Schnee saß, im Schnee saß,
Im Schnee, da saß ein armer Mann,
Hatt' Kleider nicht, hatt' Lumpen an.
«Oh helft mir doch in meiner Not,
Sonst ist der bittre Frost mein Tod!»

Sankt Martin, Sankt Martin,
Sankt Martin zog die Zügel an,
Sein Ross stand still beim armen Mann,
Sankt Martin mit dem Schwerte teilt'
Den warmen Mantel unverweilt.

Sankt Martin, Sankt Martin,
Sankt Martin gab den halben still,
Der Bettler rasch ihm danken will.
Sankt Martin aber ritt in Eil
Hinweg mit seinem Mantelteil.

Quellen- und Literaturverzeichnis

Brigitte Barz: *Feiern der Jahresfeste mit Kindern*, Verlag Urachhaus, Stuttgart 2004.

Emil Bock: *Der Kreis der Jahresfeste*, Verlag Urachhaus, Stuttgart 1999.

Ernst Bühler u. a.: *Scheine Sonne, scheine* Verlag Freies Geistesleben, Stuttgart 1987.

Hedwig Diestel: *Kindertag*, Verlag Freies Geistesleben, Stuttgart 1985.

Gérard Klockenbring: *Wer war St. Martin*, Verlag Urachhaus, Stuttgart 1999.

Heinz Ritter: *Eins und Alles*, Verlag Freies Geistesleben, Stuttgart 1998.

Martin Sandkühler (Hrsg.): *Sankt Michael – der Gotteshеld*, Verlag Urachhaus, Stuttgart 1989.

Ortrud Schubart-Stumpfe: *Der Kampf mit dem Drachen*, Verlag Urachhaus, Stuttgart 1999.

Jakob Streit: *Ich will dein Bruder sein*, Verlag Freies Geistesleben, Stuttgart 1997.

Die Lieder auf den Seiten 10, 11, 17, 21, 48, 88 und 99 stammen aus: *Lieder zu den Jahresfesten*, hrsg. von Jens Weidtke, Verlag Freies Geistesleben, Stuttgart 2001;
auf den Seiten 27, 42, 85 und 116 aus: *Neue Kinderlieder*, Selbstdruck des Waldorfkindergartens Berlin;
auf Seite 106 aus: *Fahr, mein Schifflein, fahre*, Heiner u. Marianne Garff, Edition Bingenheim, Verlag Freies Geistesleben, Stuttgart 1995;
auf Seite 35 aus: *Quintenstimmungslieder im Jahreslauf – Sommer*, Helga Oberländer, Verlag Freies Geistesleben, Stuttgart 1990;
auf den Seiten 70, 87 und 123 aus: *Hör ich von fern Musik*, Peter-Michael Riehm, Verlag Freies Geistesleben, Stuttgart 2004;
auf Seite 66 von Paul Baumann (* 18. Juli 1887 † 15. Dezember 1964), dem ersten Musiklehrer der 1919 in Stuttgart gegründeten Waldorfschule.

Verzeichnis der Gedichte und Lieder

Gedichte = G
Lieder = L